中华人民共和国民营经济促进法学习问答

含草案说明·相关规定·典型案例

法律出版社法规中心 / 编

图书在版编目（CIP）数据

中华人民共和国民营经济促进法学习问答 / 法律出版社法规中心编. -- 北京：法律出版社，2025.
ISBN 978 - 7 - 5244 - 0243 - 5

Ⅰ. D922.295

中国国家版本馆 CIP 数据核字第 20250US080 号

中华人民共和国民营经济促进法学习问答
ZHONGHUA RENMIN GONGHEGUO
MINYING JINGJI CUJINFA XUEXI WENDA

法律出版社法规中心 编

责任编辑 赵雪慧
装帧设计 臧晓飞

出版发行	法律出版社	开本	A5
编辑统筹	法规出版分社	印张	5.375　字数 106 千
责任校对	张红蕊	版本	2025 年 5 月第 1 版
责任印制	耿润瑜	印次	2025 年 5 月第 1 次印刷
经　　销	新华书店	印刷	涿州市星河印刷有限公司

地址：北京市丰台区莲花池西里 7 号（100073）
网址：www.lawpress.com.cn　　　　　　销售电话：010 - 83938349
投稿邮箱：info@ lawpress.com.cn　　　　客服电话：010 - 83938350
举报盗版邮箱：jbwq@ lawpress.com.cn　　咨询电话：010 - 63939796
版权所有·侵权必究

书号：ISBN 978 - 7 - 5244 - 0243 - 5　　　　定价：25.00 元
凡购买本社图书，如有印装错误，我社负责退换。电话：010 - 83938349

目 录

学习问答

第一章 总 则

01 《中华人民共和国民营经济促进法》的立法目的是什么？/ 3
02 促进民营经济发展应该坚持什么原则？/ 3
03 民营经济的地位是什么？/ 4
04 各级人民政府及有关部门在促进民营经济发展中承担哪些职责？/ 4
05 民营经济组织及其经营者在开展经营活动时应当遵守哪些基本要求？/ 5
06 国家在加强民营经济组织经营者队伍建设方面有哪些措施？/ 5
07 工商业联合会在促进民营经济发展中承担哪些职责？/ 6
08 国家如何对民营经济发展进行统计分析？/ 6

第二章 公平竞争

09	国家在市场准入方面对民营经济组织有哪些保障措施?／7
10	各级人民政府在保障民营经济组织公平竞争方面有哪些制度性措施?／8
11	如何开展公平竞争审查?／8
12	国家如何确保民营经济组织在市场中平等发展?／9
13	各级人民政府在制定和实施政策措施时如何实现对民营经济组织的平等对待?／10
14	如何保障民营经济组织公平参与公共资源交易活动?／10
15	反垄断和反不正当竞争执法机构如何为民营经济组织经营活动提供良好的市场环境?／10
16	国家在支持民营企业市场化重整方面有哪些措施?／11

第三章 投资融资促进

17	国家在民营经济组织参与重大战略投资方面有哪些政策性支持?／12
18	各级人民政府及其有关部门如何为促进民营经济组织投资提供便利?／12
19	国务院有关部门在提升民营经济组织金融服务水平方面有哪些措施?／13

| 20 | 民营经济组织在动产和权利质押方面能获得哪些便利条件？/ 13
| 21 | 国家如何支持民营经济组织的融资行为？/ 14
| 22 | 金融机构应如何对待民营经济组织融资行为？/ 15

第四章　科技创新

| 23 | 国家如何鼓励民营经济组织在发展新质生产力中积极发挥作用？/ 17
| 24 | 国家如何保障民营经济组织开展技术创新与合作？/ 18
| 25 | 国家如何保护民营经济组织及其经营者的创新成果？/ 18

第五章　规范经营

| 26 | 党组织和党员在民营经济组织发展中发挥什么作用？/ 20
| 27 | 民营经济组织应当从哪些方面为国家和人民生活贡献力量？/ 20
| 28 | 民营经济组织生产经营活动应遵守哪些规定？/ 21
| 29 | 国家在规范和促进民营经济组织健康发展方面有哪些措施？/ 21
| 30 | 如何促进民营企业绿色低碳发展？/ 22
| 31 | 如何促进民营经济组织员工共享发展成果？/ 23
| 32 | 民营经济组织及其经营者在海外投资经营有哪些基本要求？/ 23

第六章 服务保障

33 | 国家机关及其工作人员在促进民营经济发展工作中应当遵守哪些规范?／24

34 | 行业协会在服务民营经济发展中有哪些职责?／24

35 | 各级人民政府及其有关部门在促进民营经济发展工作中应当如何提供服务保障?／25

36 | 国家在优化涉企资金方面有哪些便利措施?／26

37 | 政府相关部门在支持个体工商户转型和优化企业登记服务方面有哪些措施?／26

38 | 如何强化民营经济组织人才和用工需求保障?／27

39 | 行政机关在促进民营经济发展工作中应当如何提供保障?／28

40 | 对民营经济组织及其经营者违法行为的行政处罚应遵循哪些原则?／28

41 | 国家在完善民营经济信用体系方面有哪些机制?／29

42 | 司法行政部门如何保障民营经济健康发展?／30

43 | 在失信惩戒和信用修复方面如何保障民营经济健康发展?／30

44 | 在纠纷解决方面如何保障民营经济健康发展?／31

45 | 国家如何保障民营经济组织海外合法权益?／31

第七章 权益保护

46 | 民营经济组织及其经营人的哪些权益受法律保护?／33

47	法律对保护民营经济组织及其经营者的人格权益作出了哪些规定？／33
48	国家机关及其工作人员调查过程中应当如何保障民营经济组织及其经营者的合法权益？／34
49	征收、征用财产过程中如何保障民营经济组织及其经营者的合法权益？／34
50	查封、扣押、冻结涉案财物过程中如何依法保护民营经济组织及其经营者的合法权益？／35
51	办理涉及经济纠纷的案件时应当遵循什么原则？／36
52	办理涉及民营经济的案件需异地执法的，如何确定管辖？／38
53	民营经济组织及其经营者是否有权通过行政手段实现救济？／38
54	检察机关对涉及民营经济组织及其经营者的诉讼活动如何实施法律监督？／38
55	在打击虚假诉讼方面如何保障民营企业和企业家的合法权益？／39
56	国家在解决拖欠民营经济组织账款问题方面有哪些措施？／39
57	如何保障中小民营经济组织按时收取交易账款的权利？／41
58	在保障中小企业款项支付工作方面，各级人民政府的工作是什么？／42

59	在保障中小企业款项支付工作方面,有关行业协会商会应当如何做? / 43
60	商会调解的范围是什么? / 43
61	如何完善人民法院与商会调解组织的衔接机制? / 43
62	对于拖欠小微企业账款案件,应建立哪些快速处理机制? / 44
63	如何优化财产保全措施,减少对企业正常经营的影响? / 45
64	如何有效约束地方人民政府违约行为,保障民营经济组织的合法权益? / 45
65	如何防范和治理民营企业腐败? / 46
66	如何规范刑民交叉案件的审理程序,保障民营经济主体合法权益? / 46

第八章 法律责任

67	哪些违反《中华人民共和国民营经济促进法》的情形有关机关可以责令改正? / 47
68	国家机关、企事业单位拖欠民营经济组织账款,或地方人民政府未履行承诺时,应承担哪些法律责任? / 48
69	侵害民营经济组织及其经营者合法权益的,应当承担什么法律责任? / 48
70	民营经济组织及其经营者生产经营活动违反法律法规规定,应承担什么法律责任? / 49

| 71 | 民营经济组织及其经营者采取不正当手段骗取表彰荣誉等,应承担什么法律责任?／49
| 72 | 行业协会商会、中介服务机构的哪些违法情形需承担法律责任?／49

第九章 附　　则

| 73 | 民营经济组织的定义是什么?／51
| 74 | 《中华人民共和国民营经济促进法》何时实施?／51

附录一

关于《中华人民共和国民营经济促进法(草案)》的说明／52

全国人民代表大会宪法和法律委员会关于《中华人民共和国民营经济促进法(草案)》修改情况的汇报／58

全国人民代表大会宪法和法律委员会关于《中华人民共和国民营经济促进法(草案)》审议结果的报告／61

全国人民代表大会宪法和法律委员会关于《中华人民共和国民营经济促进法(草案三次审议稿)》修改意见的报告／64

附录二

优化营商环境条例／67

中共中央办公厅印发《关于加强新时代民营经济统战工作的意见》／88

中共中央、国务院关于促进民营经济发展壮大的意见／100

最高人民法院关于优化法治环境　促进民营经济发展壮大的指导意见／113

最高人民检察院关于依法惩治和预防民营企业内部人员侵害民营企业合法权益犯罪为民营经济发展营造良好法治环境的意见／127

关于发挥商会调解优势　推进民营经济领域纠纷多元化解机制建设的意见／133

附录三

典型案例／138

学习问答

第一章 总　　则

01 《中华人民共和国民营经济促进法》的立法目的是什么？

答：根据《中华人民共和国民营经济促进法》第1条的规定，该法的立法目的是优化民营经济发展环境，保证各类经济组织公平参与市场竞争，促进民营经济健康发展和民营经济人士健康成长，构建高水平社会主义市场经济体制，发挥民营经济在国民经济和社会发展中的重要作用。

02 促进民营经济发展应该坚持什么原则？

答：根据《中华人民共和国民营经济促进法》第2条和第3条的规定，促进民营经济发展工作坚持中国共产党的领导，坚持以人民为中心，坚持中国特色社会主义制度，确保民营经济发展的正确政治方向。国家坚持和完善公有制为主体、多种所有制经济共同发展，按劳分配为主体、多种分配方式并存，社会主义市场经济体制等社会主义基本经济制度；毫不动摇巩固和发展公有制经济，毫不动摇鼓励、支持、引导非公有制经济发展；充分发挥市场在资源配置中的决定性作用，更好发挥政府作用。

国家坚持平等对待、公平竞争、同等保护、共同发展的原则，促进民营经济发展壮大。民营经济组织与其他各类经济组织享有平等的法律地位、市场机会和发展权利。

03 民营经济的地位是什么？

答：根据《中华人民共和国民营经济促进法》第3条的规定，民营经济是社会主义市场经济的重要组成部分，是推进中国式现代化的生力军，是高质量发展的重要基础，是推动我国全面建成社会主义现代化强国、实现中华民族伟大复兴的重要力量。促进民营经济持续、健康、高质量发展，是国家长期坚持的重大方针政策。

国家坚持依法鼓励、支持、引导民营经济发展，更好发挥法治固根本、稳预期、利长远的保障作用。

04 各级人民政府及有关部门在促进民营经济发展中承担哪些职责？

答：根据《中华人民共和国民营经济促进法》第4条的规定，国务院和县级以上地方人民政府将促进民营经济发展工作纳入国民经济和社会发展规划，建立促进民营经济发展工作协调机制，制定完善政策措施，协调解决民营经济发展中的重大问题。

国务院发展改革部门负责统筹协调促进民营经济发展工作。国务院其他有关部门在各自职责范围内，负责促进民营经济发展相关工作。

县级以上地方人民政府有关部门依照法律法规和本级人民政府确定的职责分工，开展促进民营经济发展工作。

05 民营经济组织及其经营者在开展经营活动时应当遵守哪些基本要求？

答：根据《中华人民共和国民营经济促进法》第5条和第6条的规定，民营经济组织及其经营者应当拥护中国共产党的领导，坚持中国特色社会主义制度，积极投身社会主义现代化强国建设。

民营经济组织及其经营者从事生产经营活动，应当遵守法律法规，遵守社会公德、商业道德，诚实守信、公平竞争，履行社会责任，保障劳动者合法权益，维护国家利益和社会公共利益，接受政府和社会监督。

06 国家在加强民营经济组织经营者队伍建设方面有哪些措施？

答：根据《中华人民共和国民营经济促进法》第5条和第8条的规定，国家加强民营经济组织经营者队伍建设，加强思想政治引领，发挥其在经济社会发展中的重要作用；培育和弘扬企业家精神，引导民营经济组织经营者践行社会主义核心价值观,爱国敬业、守法经营、创业创新、回报社会,坚定做中国特色社会主义事业的建设者、中国式现代化的促进者。

加强对民营经济组织及其经营者创新创造等先进事迹的宣传报道,支持民营经济组织及其经营者参与评选表彰,引导形成尊重劳动、尊重创造、尊重企业家的社会环境,营造全社会关心、支持、促进民营经济发展的氛围。

07 工商业联合会在促进民营经济发展中承担哪些职责?

答:根据《中华人民共和国民营经济促进法》第7条的规定,工商业联合会发挥在促进民营经济健康发展和民营经济人士健康成长中的重要作用,加强民营经济组织经营者思想政治建设,引导民营经济组织依法经营,提高服务民营经济水平。

08 国家如何对民营经济发展进行统计分析?

答:根据《中华人民共和国民营经济促进法》第9条的规定,国家建立健全民营经济统计制度,对民营经济发展情况进行统计分析,定期发布有关信息。

第二章 公平竞争

09 国家在市场准入方面对民营经济组织有哪些保障措施？

答：根据《中华人民共和国民营经济促进法》第 10 条的规定，国家实行全国统一的市场准入负面清单制度。市场准入负面清单以外的领域，包括民营经济组织在内的各类经济组织可以依法平等进入。

根据《中共中央、国务院关于促进民营经济发展壮大的意见》第 1 条的规定，各地区各部门不得以备案、注册、年检、认定、认证、指定、要求设立分公司等形式设定或变相设定准入障碍。清理规范行政审批、许可、备案等政务服务事项的前置条件和审批标准，不得将政务服务事项转为中介服务事项，没有法律法规依据不得在政务服务前要求企业自行检测、检验、认证、鉴定、公证或提供证明等。稳步开展市场准入效能评估，建立市场准入壁垒投诉和处理回应机制，完善典型案例归集和通报制度。

10. 各级人民政府在保障民营经济组织公平竞争方面有哪些制度性措施？

答：根据《中华人民共和国民营经济促进法》第 11 条的规定，各级人民政府及其有关部门落实公平竞争审查制度，制定涉及经营主体生产经营活动的政策措施应当经过公平竞争审查，并定期评估、及时清理、废除含有妨碍全国统一市场和公平竞争内容的政策措施，保障民营经济组织公平参与市场竞争。市场监督管理部门负责接受对违反公平竞争审查制度政策措施的举报，并依法处理。

根据《中共中央、国务院关于促进民营经济发展壮大的意见》第 2 条的规定，要强化竞争政策基础地位，健全公平竞争制度框架和政策实施机制，坚持对各类所有制企业一视同仁、平等对待。强化制止滥用行政权力排除限制竞争的反垄断执法。未经公平竞争不得授予经营者特许经营权，不得限定经营、购买、使用特定经营者提供的商品和服务。定期推出市场干预行为负面清单，及时清理废除含有地方保护、市场分割、指定交易等妨碍统一市场和公平竞争的政策。优化完善产业政策实施方式，建立涉企优惠政策目录清单并及时向社会公开。

11. 如何开展公平竞争审查？

答：根据《公平竞争审查条例》第 13 条至第 19 条的规定，拟由部门出台的政策措施，由起草单位在起草阶段开展公平竞争审查。拟由多个部门联合出台的政策措施，由牵头起草单位在起草阶段开展公平竞争审查。拟由县级以上人民政府出台或者提请本级人民代表大会及其常务委员会审议的政策措施，由本级人民政府市场监督管理部门会同起草单位在起草阶段开展公平竞争审查。起草单位应当开展初审，并将政策措施草案和初审意见送市场监督管理部门审查。

国家鼓励有条件的地区探索建立跨区域、跨部门的公平竞争审查工作机制。

开展公平竞争审查，应当听取有关经营者、行业协会商会等利害关系人关于公平竞争影响的意见。涉及社会公众利益的，应当听取社会公众意见。开展公平竞争审查，应当按照《公平竞争审查条例》规定的审查标准，在评估对公平竞争影响后，作出审查结论。适用该条例第 12 条规定的，应当在审查结论中详细说明。政策措施未经公平竞争审查，或者经公平竞争审查认为违反该条例第 8 条至第 11 规定且不符合第 12 条规定情形的，不得出台。

有关部门和单位、个人对在公平竞争审查过程中知悉的国家秘密、商业秘密和个人隐私，应当依法予以保密。

12 国家如何确保民营经济组织在市场中平等发展？

答：根据《中华人民共和国民营经济促进法》第 12 条的规定，国家保障民营经济组织依法平等使用资金、技术、人力资源、数据、土地及其他自然资源等各类生产要素和公共服务资源，依法平等适用国家支持发展的政策。

13 各级人民政府在制定和实施政策措施时如何实现对民营经济组织的平等对待？

答：根据《中华人民共和国民营经济促进法》第13条的规定，各级人民政府及其有关部门依照法定权限，在制定、实施政府资金安排、土地供应、排污指标、公共数据开放、资质许可、标准制定、项目申报、职称评定、评优评先、人力资源等方面的政策措施时，平等对待民营经济组织。

14 如何保障民营经济组织公平参与公共资源交易活动？

答：根据《中华人民共和国民营经济促进法》第14条的规定，公共资源交易活动应当公开透明、公平公正，依法平等对待包括民营经济组织在内的各类经济组织。

除法律另有规定外，招标投标、政府采购等公共资源交易不得有限制或者排斥民营经济组织的行为。

15 反垄断和反不正当竞争执法机构如何为民营经济组织经营活动提供良好的市场环境？

答：根据《中华人民共和国民营经济促进法》第15条

的规定,反垄断和反不正当竞争执法机构按照职责权限,预防和制止市场经济活动中的垄断、不正当竞争行为,对滥用行政权力排除、限制竞争的行为依法处理,为民营经济组织提供良好的市场环境。

16 国家在支持民营企业市场化重整方面有哪些措施?

答:根据《最高人民法院关于优化法治环境 促进民营经济发展壮大的指导意见》的规定,支持民营企业市场化重整。坚持市场化、法治化原则,完善企业重整识别机制,依托"府院联动",依法拯救陷入财务困境但有挽救价值的民营企业。引导民营企业充分利用破产重整、和解程序中的中止执行、停止计息、集中管辖等制度功能,及时保全企业财产、阻止债务膨胀,通过公平清理债务获得重生。推进破产配套制度完善,提升市场化重整效益。

第三章 投资融资促进

17 国家在民营经济组织参与重大战略投资方面有哪些政策性支持？

答：根据《中华人民共和国民营经济促进法》第16条和第17条的规定，支持民营经济组织参与国家重大战略和重大工程。支持民营经济组织在战略性新兴产业、未来产业等领域投资和创业，鼓励开展传统产业技术改造和转型升级，参与现代化基础设施投资建设。

国务院有关部门根据国家重大发展战略、发展规划、产业政策等，统筹研究制定促进民营经济投资政策措施，发布鼓励民营经济投资重大项目信息，引导民营经济投资重点领域。

民营经济组织投资建设符合国家战略方向的固定资产投资项目，依法享受国家支持政策。

18 各级人民政府及其有关部门如何为促进民营经济组织投资提供便利？

答：根据《中华人民共和国民营经济促进法》第18条

和第 19 条的规定，支持民营经济组织通过多种方式盘活存量资产，提高再投资能力，提升资产质量和效益。各级人民政府及其有关部门支持民营经济组织参与政府和社会资本合作项目。政府和社会资本合作项目应当合理设置双方权利义务，明确投资收益获得方式、风险分担机制、纠纷解决方式等事项。

各级人民政府及其有关部门在项目推介对接、前期工作和报建审批事项办理、要素获取和政府投资支持等方面，为民营经济组织投资提供规范高效便利的服务。

19 国务院有关部门在提升民营经济组织金融服务水平方面有哪些措施？

答： 根据《中华人民共和国民营经济促进法》第 20 条的规定，国务院有关部门依据职责发挥货币政策工具和宏观信贷政策的激励约束作用，按照市场化、法治化原则，对金融机构向小型微型民营经济组织提供金融服务实施差异化政策，督促引导金融机构合理设置不良贷款容忍度、建立健全尽职免责机制、提升专业服务能力，提高为民营经济组织提供金融服务的水平。

20 民营经济组织在动产和权利质押方面能获得哪些便利条件？

答： 根据《中华人民共和国民营经济促进法》第 21 条

的规定,银行业金融机构等依据法律法规,接受符合贷款业务需要的担保方式,并为民营经济组织提供应收账款、仓单、股权、知识产权等权利质押贷款。

各级人民政府及其有关部门应当为动产和权利质押登记、估值、交易流通、信息共享等提供支持和便利。

21 | 国家如何支持民营经济组织的融资行为?

答:根据《中华人民共和国民营经济促进法》第22条和第25条的规定,国家推动构建完善民营经济组织融资风险的市场化分担机制,支持银行业金融机构与融资担保机构有序扩大业务合作,共同服务民营经济组织。健全多层次资本市场体系,支持符合条件的民营经济组织通过发行股票、债券等方式平等获得直接融资。

根据《优化营商环境条例》第26条和第27条的规定,国家鼓励和支持金融机构加大对民营企业、中小企业的支持力度,降低民营企业、中小企业综合融资成本。国家促进多层次资本市场规范健康发展,拓宽市场主体融资渠道,支持符合条件的民营企业、中小企业依法发行股票、债券以及其他融资工具,扩大直接融资规模。

根据《中共中央、国务院关于促进民营经济发展壮大的意见》第5条的规定,要完善融资支持政策制度。健全银行、保险、担保、券商等多方共同参与的融资风险市场化分担机制。健全中小微企业和个体工商户信用评级和评价体系,加强涉企信用信息归集,推广"信易贷"等服务模式。支持符合条件的民营中小微企业在债券市场融资,鼓励符合条件的民营企业发行科技创新公司债券,推动民营企业债券融资专项支持计划扩大覆盖面、提升增信力度。支持符合条件的民营企业上市融资和再融资。

根据《最高人民法院关于优化法治环境 促进民营经济发展壮大的指导意见》的规定,助力拓宽民营企业融资渠道降低融资成本。依法推动供应链金融健康发展,有效拓宽中小微民营企业融资渠道。对中小微民营企业结合自身财产特点设定的融资担保措施持更加包容的司法态度,依法认定生产设备等动产担保以及所有权保留、融资租赁、保理等非典型担保合同效力和物权效力;对符合法律规定的仓单、提单、汇票、应收账款、知识产权、新类型生态资源权益等权利质押以及保兑仓交易,依法认定其有效。严格落实《中华人民共和国民法典》关于禁止高利放贷的规定,降低民营企业的融资成本,依法规制民间借贷市场"砍头息""高息转本"等乱象,金融机构和地方金融组织向企业收取的利息和费用违反监管政策的,诉讼中依法不予支持。

22 金融机构应如何对待民营经济组织融资行为?

答: 根据《中华人民共和国民营经济促进法》第 23 条和第 24 条的规定,金融机构在依法合规前提下,按照市场化、可持续发展原则开发和提供适合民营经济特点的金融产品和服务，为资信良好的民营经济组织融资提供便利条件，增强信贷供给、贷款周期与民营经济组织融资需求、资金使用周期的适配性，提升金融服务可获得性和便利度。

金融机构在授信、信贷管理、风控管理、服务收费等方面应当平等对待民营经济组织。金融机构违反与民营经济组织借款人的约定，单方面增加发放贷款条件、中止发放贷款或者提前收回贷款的，依法承担违约责任。

根据《优化营商环境条例》第 26 条的规定，金融监督管理部门应当完善对商业银行等金融机构的监管考核和激励机制，鼓励、引导其增加对民营企业、中小企业的信贷投放，并合理增加中长期贷款和信用贷款支持，提高贷款审批效率。商业银行等金融机构在授信中不得设置不合理条件，不得对民营企业、中小企业设置歧视性要求。商业银行等金融机构应当按照国家有关规定规范收费行为，不得违规向服务对象收取不合理费用。商业银行应当向社会公开开设企业账户的服务标准、资费标准和办理时限。

第四章 科技创新

23 国家如何鼓励民营经济组织在发展新质生产力中积极发挥作用?

答:根据《中华人民共和国民营经济促进法》第27条至第30条的规定,国家鼓励、支持民营经济组织在推动科技创新、培育新质生产力、建设现代化产业体系中积极发挥作用。引导民营经济组织根据国家战略需要、行业发展趋势和世界科技前沿,加强基础性、前沿性研究,开发关键核心技术、共性基础技术和前沿交叉技术,推动科技创新和产业创新融合发展,催生新产业、新模式、新动能。引导非营利性基金依法资助民营经济组织开展基础研究、前沿技术研究和社会公益性技术研究。

支持民营经济组织参与国家科技攻关项目,支持有能力的民营经济组织牵头承担国家重大技术攻关任务,向民营经济组织开放国家重大科研基础设施,支持公共研究开发平台、共性技术平台开放共享,为民营经济组织技术创新平等提供服务,鼓励各类企业和高等学校、科研院所、职业学校与民营经济组织创新合作机制,开展技术交流和成果转移转化,推动产学研深度融合。

支持民营经济组织依法参与数字化、智能化共性技术研发和数据要素市场建设,依法合理使用数据,对开放的公共数据资源依法进行开发利用,增强数据要素共享性、普惠性、安全性,充分发挥数据赋能作用。

国家保障民营经济组织依法参与标准制定工作,强化标准制定的信息公开和社会监督。国家为民营经济组织提供科研基础设施、技术验证、标准规范、质量认证、检验检测、知识产权、示范应用等方面的服务和便利。

24 国家如何保障民营经济组织开展技术创新与合作?

答:根据《中华人民共和国民营经济促进法》第31条的规定,支持民营经济组织加强新技术应用,开展新技术、新产品、新服务、新模式应用试验,发挥技术市场、中介服务机构作用,通过多种方式推动科技成果应用推广。

鼓励民营经济组织在投资过程中基于商业规则自愿开展技术合作。技术合作的条件由投资各方遵循公平原则协商确定。

25 国家如何保护民营经济组织及其经营者的创新成果?

答:根据《中华人民共和国民营经济促进法》第32条和第33条的规定,鼓励民营经济组织积极培养使用知识型、技能型、创新型人才,在关键岗位、关键工序培养使用高技能人才,推动产业工人队伍建设。

国家加强对民营经济组织及其经营者原始创新的保护。加大创新成果知识产权保护力度,实施知识产权侵权惩罚性赔偿制度,依法查处侵犯商标专用权、专利权、著作权和侵犯商业秘密、仿冒混淆等违法行为。加强知识产权保护的区域、部门协作,为民营经济组织提供知识产权快速协同保护、多元纠纷解决、维权援助以及海外知识产权纠纷应对指导和风险预警等服务。

根据《最高人民法院关于优化法治环境 促进民营经济发展壮大的指导意见》的规定,持续严厉打击商标攀附、仿冒搭车等恶意囤积和恶意抢注行为,依法保护民营企业的品牌利益和市场形象。当事人违反诚信原则,恶意取得、行使权利并主张他人侵权的,依法判决驳回其诉讼请求。被告举证证明原告滥用权利起诉损害其合法权益,请求原告赔偿合理诉讼开支的,依法予以支持。严格落实知识产权侵权惩罚性赔偿制度,坚持侵权代价与其主观恶性和行为危害性相适应,对以侵权为业、获利巨大、危害国家安全、公共利益或者人身健康等情节严重的故意侵权,依法加大赔偿力度。推动知识产权法院审理知识产权刑事案件。推动优化调整知识产权法院管辖案件类型,完善知识产权案件繁简分流机制。

第五章 规 范 经 营

26 党组织和党员在民营经济组织发展中发挥什么作用?

答：根据《中华人民共和国民营经济促进法》第34条的规定，民营经济组织中的中国共产党的组织和党员，按照《中国共产党章程》和有关党内法规开展党的活动，在促进民营经济组织健康发展中发挥党组织的政治引领作用和党员先锋模范作用。

27 民营经济组织应当从哪些方面为国家和人民生活贡献力量?

答：根据《中华人民共和国民营经济促进法》第35条和第42条的规定，民营经济组织应当围绕国家工作大局，在发展经济、扩大就业、改善民生、科技创新等方面积极发挥作用，为满足人民日益增长的美好生活需要贡献力量。

探索建立民营经济组织的社会责任评价体系和激励机制，鼓励、引导民营经济组织积极履行社会责任，自愿参与公益慈善事业、应急救灾等活动。

28 民营经济组织生产经营活动应遵守哪些规定？

答：根据《中华人民共和国民营经济促进法》第36条的规定，民营经济组织从事生产经营活动应当遵守劳动用工、安全生产、职业卫生、社会保障、生态环境、质量标准、知识产权、网络和数据安全、财政税收、金融等方面的法律法规；不得通过贿赂和欺诈等手段牟取不正当利益，不得妨害市场和金融秩序、破坏生态环境、损害劳动者合法权益和社会公共利益。

国家机关依法对民营经济组织生产经营活动实施监督管理。

29 国家在规范和促进民营经济组织健康发展方面有哪些措施？

答：根据《中华人民共和国民营经济促进法》第37条至第40条的规定，支持民营资本服务经济社会发展，完善资本行为制度规则，依法规范和引导民营资本健康发展，维护社会主义市场经济秩序和社会公共利益。支持民营经济组织加强风险防范管理，鼓励民营经济组织做优主业、做强实业，提升核心竞争力。

民营经济组织应当完善治理结构和管理制度、规范经营者行为、强化内部监督，实现规范治理；依法建立健全以职工代表大会为基本形式的民主管理制度。鼓励有条件的民营经济组织建立完善中国特色现代企业制度。民营经济组织中的工会等群团组织依照法律和章程开展活动，加强职工思想政治引领，维护职工合法权益，发挥在企业民主管理中的作用，推动完善企业工资集体协商制度，促进构建和谐劳动关系。民营经济组织的组织形式、组织机构及其活动准则，适用《中华人民共和国公司法》《中华人民共和国合伙企业法》《中华人民共和国个人独资企业法》等法律的规定。

国家推动构建民营经济组织源头防范和治理腐败的体制机制，支持引导民营经济组织建立健全内部审计制度，加强廉洁风险防控，推动民营经济组织提升依法合规经营管理水平，及时预防、发现、治理经营中违法违规等问题。民营经济组织应当加强对工作人员的法治教育，营造诚信廉洁、守法合规的文化氛围。

民营经济组织应当依照法律、行政法规和国家统一的会计制度，加强财务管理，规范会计核算，防止财务造假，并区分民营经济组织生产经营收支与民营经济组织经营者个人收支，实现民营经济组织财产与民营经济组织经营者个人财产分离。

30 | 如何促进民营企业绿色低碳发展？

答：根据《最高人民法院关于优化法治环境　促进民营经济发展壮大的指导意见》的规定，依法保护合同能源管理节能服务企业、温室气体排放报告技术服务机构等市场主体的合法权益，保障民营企业积极参与推进碳达峰碳中和目标任务。创新惠企纾困司法举措，兼顾当事人意思自治、产业政策和碳排放强度、碳排放总量双控要求，依法明晰交易主体权责，有效化解涉产能置换纠纷案件，助力民营企业有序开展节能降碳技术改造。

31 如何促进民营经济组织员工共享发展成果？

答： 根据《中华人民共和国民营经济促进法》第41条的规定，支持民营经济组织通过加强技能培训、扩大吸纳就业、完善工资分配制度等，促进员工共享发展成果。

32 民营经济组织及其经营者在海外投资经营有哪些基本要求？

答： 根据《中华人民共和国民营经济促进法》第43条的规定，民营经济组织及其经营者在海外投资经营应当遵守所在国家或者地区的法律，尊重当地习俗和文化传统，维护国家形象，不得从事损害国家安全和国家利益的活动。

第六章 服务保障

33 国家机关及其工作人员在促进民营经济发展工作中应当遵守哪些规范？

答：根据《中华人民共和国民营经济促进法》第44条和第45条的规定，国家机关及其工作人员在促进民营经济发展工作中，应当依法履职尽责。国家机关工作人员与民营经济组织经营者在工作交往中，应当遵规守纪，保持清正廉洁。

国家机关制定与经营主体生产经营活动密切相关的法律、法规、规章和其他规范性文件，最高人民法院、最高人民检察院作出属于审判、检察工作中具体应用法律的相关解释，或者作出有关重大决策，应当注重听取包括民营经济组织在内各类经济组织、行业协会商会的意见建议；在实施前应当根据实际情况留出必要的适应调整期。

34 行业协会在服务民营经济发展中有哪些职责？

答：根据《优化营商环境条例》第29条的规定，行业协会商会应当依照法律、法规和章程，加强行业自律，及时反映行业诉求，为市场主体提供信息咨询、宣传培训、市场拓展、权益保护、纠纷处理等方面的服务。

国家依法严格规范行业协会商会的收费、评比、认证等行为。

35 各级人民政府及其有关部门在促进民营经济发展工作中应当如何提供服务保障？

答： 根据《中华人民共和国民营经济促进法》第44条、第46条和第47条的规定，各级人民政府及其有关部门建立畅通有效的政企沟通机制，及时听取包括民营经济组织在内各类经济组织的意见建议，解决其反映的合理问题。各级人民政府及其有关部门应当及时向社会公开涉及经营主体的优惠政策适用范围、标准、条件和申请程序等，为民营经济组织申请享受有关优惠政策提供便利。各级人民政府及其有关部门制定鼓励民营经济组织创业的政策，提供公共服务，鼓励创业带动就业。

根据《中华人民共和国中小企业促进法》第44条、第45条和第47条的规定，县级以上地方各级人民政府应当根据实际需要建立和完善中小企业公共服务机构，为中小企业提供公益性服务。县级以上人民政府负责中小企业促进工作综合管理的部门应当建立跨部门的政策信息互联网发布平台，及时汇集涉及中小企业的法律法规、创业、创新、金融、市场、权益保护等各类政府服务信息，为中小企业提供便捷无偿服务。县级以上人民政府负责中小企业促进工作综合管理的部门应当安排资金，有计划地组织实施中小企业经营管理人员培训。

36 国家在优化涉企资金方面有哪些便利措施？

答：根据《中共中央、国务院关于促进民营经济发展壮大的意见》第8条的规定，要充分发挥财政资金直达机制作用，推动涉企资金直达快享。加大涉企补贴资金公开力度，接受社会监督。针对民营中小微企业和个体工商户建立支持政策"免申即享"机制，推广告知承诺制，有关部门能够通过公共数据平台提取的材料，不再要求重复提供。

37 政府相关部门在支持个体工商户转型和优化企业登记服务方面有哪些措施？

答：根据《中华人民共和国民营经济促进法》第48条的规定，登记机关应当为包括民营经济组织在内的各类经济组织提供依法合规、规范统一、公开透明、便捷高效的设立、变更、注销等登记服务，降低市场进入和退出成本。个体工商户可以自愿依法转型为企业。登记机关、税务机关和有关部门为个体工商户转型为企业提供指引和便利。

38 | 如何强化民营经济组织人才和用工需求保障？

答： 根据《中华人民共和国民营经济促进法》第 49 条的规定，鼓励、支持高等学校、科研院所、职业学校、公共实训基地和各类职业技能培训机构创新人才培养模式，加强职业教育和培训，培养符合民营经济高质量发展需求的专业人才和产业工人。人力资源和社会保障部门建立健全人力资源服务机制，搭建用工和求职信息对接平台，为民营经济组织招用工提供便利。各级人民政府及其有关部门完善人才激励和服务保障政策措施，畅通民营经济组织职称评审渠道，为民营经济组织引进、培养高层次及紧缺人才提供支持。

根据《中华人民共和国中小企业促进法》第 37 条的规定，县级以上人民政府有关部门应当拓宽渠道，采取补贴、培训等措施，引导高等学校毕业生到中小企业就业，帮助中小企业引进创新人才。国家鼓励科研机构、高等学校和大型企业等创造条件向中小企业开放试验设施，开展技术研发与合作，帮助中小企业开发新产品，培养专业人才。国家鼓励科研机构、高等学校支持本单位的科技人员以兼职、挂职、参与项目合作等形式到中小企业从事产学研合作和科技成果转化活动，并按照国家有关规定取得相应报酬。

39 行政机关在促进民营经济发展工作中应当如何提供保障?

答：根据《中华人民共和国民营经济促进法》第 50 条的规定，行政机关坚持依法行政。行政机关开展执法活动应当避免或者尽量减少对民营经济组织正常生产经营活动的影响，并对其合理、合法诉求及时响应、处置。

根据《最高人民法院关于坚持严格公正司法规范涉企案件审判执行工作的通知》第 7 条的规定，公正审理涉企行政案件，促推行政机关严格规范公正文明执法。加大对涉企市场准入、行政许可、行政处罚、行政强制和行政赔偿等重点领域行政案件的司法审查力度，坚决纠治乱收费、乱罚款、乱检查和乱查封现象，坚决依法追究行政不作为、乱作为的法律责任。贯彻落实比例原则、正当程序原则、信赖保护原则等基本原则，切实纠正小过重罚、重责轻罚、以罚代管、以罚代刑等问题。统一法律适用标准和裁判尺度，通过依法审理行政公益诉讼案件、提出司法建议等方式，促进规范涉企行政执法裁量权行使，推动跨区域执法标准衔接。

40 对民营经济组织及其经营者违法行为的行政处罚应遵循哪些原则?

答：根据《中华人民共和国民营经济促进法》第 51 条的规定，对民营经济组织及其经营者违法行为的行政处罚应当按照与其他经济组织及其经营者同等原则实施。对违法行为依法需要实施行政处罚或者采取其他措施的，应当与违法行为的事实、性质、情节以及社会危害程度相当。违法行为具有《中华人民共和国行政处罚法》规定的从轻、减轻或者不予处罚情形的，依照其规定从轻、减轻或者不予处罚。

41 国家在完善民营经济信用体系方面有哪些机制？

答：根据《中华人民共和国民营经济促进法》第26条和第52条的规定，建立健全信用信息归集共享机制，支持征信机构为民营经济组织融资提供征信服务，支持信用评级机构优化民营经济组织的评级方法，增加信用评级有效供给，为民营经济组织获得融资提供便利。

各级人民政府及其有关部门推动监管信息共享互认，根据民营经济组织的信用状况实施分级分类监管，提升监管效能。除直接涉及公共安全和人民群众生命健康等特殊行业、重点领域依法依规实行全覆盖的重点监管外，市场监管领域相关部门的行政检查应当通过随机抽取检查对象、随机选派执法检查人员的方式进行，抽查事项及查处结果及时向社会公开。针对同一检查对象的多个检查事项，应当尽可能合并或者纳入跨部门联合检查范围。

根据《中共中央、国务院关于促进民营经济发展壮大的意见》第3条的规定，要完善信用信息记录和共享体系，全面推广信用承诺制度,将承诺和履约信息纳入信用记录。发挥信用激励机制作用,提升信用良好企业获得感。完善信用约束机制,依法依规按照失信惩戒措施清单对责任主体实施惩戒。

42 司法行政部门如何保障民营经济健康发展?

答:根据《中华人民共和国民营经济促进法》第53条的规定,司法行政部门建立涉企行政执法诉求沟通机制,组织开展行政执法检查,加强对行政执法活动的监督,及时纠正不当行政执法行为。

43 在失信惩戒和信用修复方面如何保障民营经济健康发展?

答:根据《中华人民共和国民营经济促进法》第54条的规定,健全失信惩戒和信用修复制度。实施失信惩戒,应当依照法律、法规和有关规定,并根据失信行为的事实、性质、轻重程度等采取适度的惩戒措施。

民营经济组织及其经营者纠正失信行为、消除不良影响、符合信用修复条件的,可以提出信用修复申请。有关国家机关应当依法及时解除惩戒措施,移除或者终止失信信息公示,并在相关公共信用信息平台实现协同修复。

44 | 在纠纷解决方面如何保障民营经济健康发展？

答：根据《中华人民共和国民营经济促进法》第 55 条的规定，建立健全矛盾纠纷多元化解机制，为民营经济组织维护合法权益提供便利。

司法行政部门组织协调律师、公证、司法鉴定、基层法律服务、人民调解、商事调解、仲裁等相关机构和法律咨询专家，参与涉及民营经济组织纠纷的化解，为民营经济组织提供有针对性的法律服务。

根据《最高人民法院关于坚持严格公正司法规范涉企案件审判执行工作的通知》第 5 条的规定，坚持和发展新时代"枫桥经验"，做实定分止争。把非诉讼纠纷解决机制挺在前面，善于运用"总对总"多元解纷机制公正高效化解涉企民事纠纷。严格规范涉企民事案件的立案与调解工作，充分释明先行调解的优势，引导尽可能通过先行调解及时化解矛盾纠纷，努力实现案结事了政通人和。对调解不成的，依法及时予以审理裁判，坚决杜绝强制调解、久调不决、以调压判等违反调解自愿原则情况的发生。

45 | 国家如何保障民营经济组织海外合法权益？

答：根据《中华人民共和国民营经济促进法》第 57 条的规定，国家坚持高水平对外开放，加快构建以国内大循环为主体、国内国际双循环相互促进的新发展格局；支持、引导民营经济组织拓展国际交流合作,在海外依法合规开展投资经营等活动;加强法律、金融、物流等海外综合服务,完善海外利益保障机制,维护民营经济组织及其经营者海外合法权益。

第七章 权益保护

46 民营经济组织及其经营人的哪些权益受法律保护？

答：根据《中华人民共和国民营经济促进法》第58条的规定，民营经济组织及其经营者的人身权利、财产权利以及经营自主权等合法权益受法律保护，任何单位和个人不得侵犯。

47 法律对保护民营经济组织及其经营者的人格权益作出了哪些规定？

答：根据《中华人民共和国民营经济促进法》第59条的规定，民营经济组织的名称权、名誉权、荣誉权和民营经济组织经营者的名誉权、荣誉权、隐私权、个人信息等人格权益受法律保护。

任何单位和个人不得利用互联网等传播渠道，以侮辱、诽谤等方式恶意侵害民营经济组织及其经营者的人格权益。网络服务提供者应当依照有关法律法规规定，加强网络信息内容管理,建立健全投诉、举报机制,及时处置恶意侵害当事人合法权益的违法信息,并向有关主管部门报告。

人格权益受到恶意侵害的民营经济组织及其经营者有权依法向人民法院申请采取责令行为人停止有关行为的措施。民营经济组织及其经营者的人格权益受到恶意侵害致使民营经济组织生产经营、投资融资等活动遭受实际损失的,侵权人依法承担赔偿责任。

48 国家机关及其工作人员调查过程中应当如何保障民营经济组织及其经营者的合法权益?

答: 根据《中华人民共和国民营经济促进法》第60条的规定,国家机关及其工作人员依法开展调查或者要求协助调查,应当避免或者尽量减少对正常生产经营活动产生影响。实施限制人身自由的强制措施,应当严格依照法定权限、条件和程序进行。

49 征收、征用财产过程中如何保障民营经济组织及其经营者的合法权益?

答: 根据《中华人民共和国民营经济促进法》第61条的规定,征收、征用财产,应当严格依照法定权限、条件和程序进行。

为了公共利益的需要,依照法律规定征收、征用财产的,应当给予公平、合理的补偿。

任何单位不得违反法律、法规向民营经济组织收取费用，不得实施没有法律、法规依据的罚款，不得向民营经济组织摊派财物。

50 查封、扣押、冻结涉案财物过程中如何依法保护民营经济组织及其经营者的合法权益？

根据《中共中央、国务院关于促进民营经济发展壮大的意见》第10条的规定，防止和纠正利用行政或刑事手段干预经济纠纷，以及执法司法中的地方保护主义。进一步规范涉产权强制性措施，避免超权限、超范围、超数额、超时限查封扣押冻结财产。对不宜查封扣押冻结的经营性涉案财物，在保证侦查活动正常进行的同时，可以允许有关当事人继续合理使用，并采取必要的保值保管措施，最大限度减少侦查办案对正常办公和合法生产经营的影响。完善涉企案件申诉、再审等机制，健全冤错案件有效防范和常态化纠正机制。

根据《中华人民共和国民营经济促进法》第62条的规定，查封、扣押、冻结涉案财物，应当遵守法定权限、条件和程序，严格区分违法所得、其他涉案财物与合法财产，民营经济组织财产与民营经济组织经营者个人财产，涉案人财产与案外人财产，不得超权限、超范围、超数额、超时限查封、扣押、冻结财物。对查封、扣押的涉案财物，应当妥善保管。

根据《最高人民法院关于优化法治环境　促进民营经济发展壮大的指导意见》的规定，对于被告人的合法财产以及与犯罪活动无关的财产及其孳息，符合返还条件的，应当及时返还。涉案财物已被用于清偿合法债务、转让或者设置其他权利负担，善意案外人通过正常的市场交易、支付了合理对价，并实际取得相应权利的，不得追缴或者没收。对于通过违法犯罪活动聚敛、获取的财产形成的投资权益，应当对该投资权益依法进行处置，不得直接追缴投入的财产。进一步畅通权益救济渠道，被告人或案外人对查封、扣押、冻结的财物及其孳息提出权属异议的，人民法院应当听取意见，必要时可以通知案外人出庭。被告人或案外人以生效裁判侵害其合法财产权益或对是否属于赃款赃物认定错误为由提出申诉的，人民法院应当及时受理审查，确有错误的，应予纠正。

51　办理涉及经济纠纷的案件时应当遵循什么原则？

答：根据《中华人民共和国民营经济促进法》第 63 条的规定，办理案件应当严格区分经济纠纷与经济犯罪，遵守法律关于追诉期限的规定；生产经营活动未违反刑法规定的，不以犯罪论处；对事实不清、证据不足或者依法不追究刑事责任的，应当依法撤销案件、不起诉、终止审理或者宣告无罪。禁止利用行政或者刑事手段违法干预经济纠纷。

根据《最高人民法院关于优化法治环境　促进民营经济发展壮大的指导意见》的规定，严格落实罪刑法定、疑罪从无等刑法原则，全面贯彻宽严相济刑事政策，该严则严，当宽则宽。依法认定民营企业正当融资与非法集资、合同纠纷与合同诈骗、参与兼并重组与恶意侵占国有资产等罪与非罪的界限，严格区分经济纠纷、行政违法与刑事犯罪，坚决防止和纠正利用行政或者刑事手段干预经济纠纷，坚决防止和纠正地方保护主义，坚决防止和纠正把经济纠纷认定为刑事犯罪、把民事责任认定为刑事责任。

根据《最高人民法院关于坚持严格公正司法规范涉企案件审判执行工作的通知》第2条的规定，严格区分经济纠纷与刑事犯罪，坚决防止把经济纠纷当作犯罪处理。坚持法律面前人人平等、罪刑法定、疑罪从无等法律原则，严格区分合同纠纷与合同诈骗、合法融资与非法集资、参与兼并重组与恶意侵占国有资产、正当经营与违法犯罪等的界限，严格把握刑事犯罪的认定标准，坚决防止和纠正利用行政、刑事手段干预经济纠纷，有效防范违规异地执法、趋利性执法司法。对在生产、经营、融资等活动中的经济行为，虽属违法违规，但不构成犯罪的，依法宣告无罪，或者建议检察机关撤回起诉。对于涉企新类型案件，应当依法审慎处理，必要时由上级人民法院依法提级管辖。强化涉企产权刑事案件申诉、再审工作，健全有效防范、依法甄别纠正涉企冤错案件机制。

52 办理涉及民营经济的案件需异地执法的，如何确定管辖？

答：根据《中华人民共和国民营经济促进法》第64条的规定，规范异地执法行为，建立健全异地执法协助制度。办理案件需要异地执法的，应当遵守法定权限、条件和程序。国家机关之间对案件管辖有争议的，可以进行协商，协商不成的，提请共同的上级机关决定，法律另有规定的从其规定。

53 民营经济组织及其经营者是否有权通过行政手段实现救济？

答：根据《中华人民共和国民营经济促进法》第65条的规定，民营经济组织及其经营者对生产经营活动是否违法，以及国家机关实施的强制措施存在异议的，可以依法向有关机关反映情况、申诉，依法申请行政复议、提起诉讼。

54 检察机关对涉及民营经济组织及其经营者的诉讼活动如何实施法律监督？

答：根据《中华人民共和国民营经济促进法》第66条的规定，检察机关依法对涉及民营经济组织及其经营者的诉讼活动实施法律监督，及时受理并审查有关申诉、控告。发现存在违法情形的，应当依法提出抗诉、纠正意见、检察建议。

55 在打击虚假诉讼方面如何保障民营企业和企业家的合法权益？

答：根据《最高人民法院关于优化法治环境 促进民营经济发展壮大的指导意见》的规定，依法严厉惩治虚假诉讼。充分利用信息技术手段，加强对虚假诉讼的甄别、审查和惩治，依法打击通过虚假诉讼逃废债、侵害民营企业和企业家合法权益的行为。当事人一方恶意利用诉讼打击竞争企业，破坏企业和企业家商誉信誉，谋取不正当利益的，依法驳回其诉讼请求；对方反诉请求损害赔偿的，依法予以支持。依法加大虚假诉讼的违法犯罪成本，对虚假诉讼的参与人，依法采取罚款、拘留等民事强制措施，构成犯罪的，依法追究刑事责任。

56 国家在解决拖欠民营经济组织账款问题方面有哪些措施？

答：根据《中华人民共和国民营经济促进法》第 67 条的规定，国家机关、事业单位、国有企业应当依法或者依合同约定及时向民营经济组织支付账款，不得以人员变更、履行内部付款流程或者在合同未作约定情况下以等待竣工验收批复、决算审计等为由，拒绝或者拖延支付民营经济组织账款；除法律、行政法规另有规定外，不得强制要求以审计结果作为结算依据。审计机关依法对国家机关、事业单位和国有企业支付民营经济组织账款情况进行审计监督。

根据《最高人民法院关于优化法治环境　促进民营经济发展壮大的指导意见》的规定，依法审理因"新官不理旧账"等违法失信行为引发的合同纠纷，政府机关、国有企业、事业单位因负责人、承办人变动拒绝履行生效合同义务的，应当依法判令其承担相应的违约责任，依法维护民营企业经营发展的诚信环境。综合运用债的保全制度、股东出资责任、法人人格否认以及破产撤销权等相关制度，依法惩治逃废债务行为。充分发挥司法裁判评价、指引、示范、教育功能作用，加大法治宣传力度，通过发布典型案例等方式促进提高企业家依法维权意识和能力，积极引导企业家在经营活动中遵纪守法、诚实守信、公平竞争，积极履行社会责任，大力培育和弘扬企业家精神。

根据《保障中小企业款项支付条例》第26条和第30条的规定，机关、事业单位和大型企业拖欠中小企业款项依法依规被认定为失信的，受理投诉部门和有关部门按程序将有关失信情况记入相关主体信用记录。情节严重或者造成严重不良社会影响的，将相关信息纳入全国信用信息共享平台和国家企业信用信息公示系统，向社会公示；对机关、事业单位在公务消费、办公用房、经费安排等方面采取必要的限制措施，对大型企业在财政资金支持、投资项目审批、融资获取、市场准入、资质评定、评优评先等方面依法依规予以限制。

国家鼓励法律服务机构为与机关、事业单位和大型企业存在支付纠纷的中小企业提供公益法律服务。新闻媒体应当开展对保障中小企业款项支付相关法律法规政策的公益宣传，依法加强对机关、事业单位和大型企业拖欠中小企业款项行为的舆论监督。

57 如何保障中小民营经济组织按时收取交易账款的权利？

答：根据《中华人民共和国民营经济促进法》第68条和第69条的规定，大型企业向中小民营经济组织采购货物、工程、服务等，应当合理约定付款期限并及时支付账款，不得以收到第三方付款作为向中小民营经济组织支付账款的条件。

人民法院对拖欠中小民营经济组织账款案件依法及时立案、审理、执行，可以根据自愿和合法的原则进行调解，保障中小民营经济组织合法权益。

县级以上地方人民政府应当加强账款支付保障工作，预防和清理拖欠民营经济组织账款；强化预算管理，政府采购项目应当严格按照批准的预算执行；加强对拖欠账款处置工作的统筹指导，对有争议的鼓励各方协商解决，对存在重大分歧的组织协商、调解。协商、调解应当发挥工商业联合会、律师协会等组织的作用。

根据《中共中央、国务院关于促进民营经济发展壮大的意见》第6条的规定，建立拖欠账款定期披露、劝告指导、主动执法制度。强化商业汇票信息披露，完善票据市场信用约束机制。完善拖欠账款投诉处理和信用监督机制，加强对恶意拖欠账款案例的曝光。完善拖欠账款清理与审计、督查、巡视等制度的常态化对接机制。

58 在保障中小企业款项支付工作方面，各级人民政府的工作是什么？

答： 根据《保障中小企业款项支付条例》第 5 条的规定，国务院负责中小企业促进工作综合管理的部门对保障中小企业款项支付工作进行综合协调、监督检查。国务院发展改革、财政、住房城乡建设、交通运输、水利、金融管理、国有资产监管、市场监督管理等有关部门应当按照职责分工，负责保障中小企业款项支付相关工作。

省、自治区、直辖市人民政府对本行政区域内保障中小企业款项支付工作负总责，加强组织领导、统筹协调，健全制度机制。县级以上地方人民政府负责本行政区域内保障中小企业款项支付的管理工作。

县级以上地方人民政府负责中小企业促进工作综合管理的部门和发展改革、财政、住房城乡建设、交通运输、水利、金融管理、国有资产监管、市场监督管理等有关部门应当按照职责分工，负责保障中小企业款项支付相关工作。

59 在保障中小企业款项支付工作方面,有关行业协会商会应当如何做?

答:根据《保障中小企业款项支付条例》第 6 条的规定,有关行业协会商会应当按照法律法规和组织章程,加强行业自律管理,规范引导本行业大型企业履行及时支付中小企业款项义务、不得利用优势地位拖欠中小企业款项,为中小企业提供信息咨询、权益保护、纠纷处理等方面的服务,保护中小企业合法权益。

鼓励大型企业公开承诺向中小企业采购货物、工程、服务的付款期限与方式。

60 商会调解的范围是什么?

答:根据《关于发挥商会调解优势推进民营经济领域纠纷多元化解机制建设的意见》第 3 条的规定,商会调解以民营企业的各类民商事纠纷为主,包括商会会员之间的纠纷,会员企业内部的纠纷,会员与生产经营关联方之间的纠纷,会员与其他单位或人员之间的纠纷,以及其他涉及适合商会调解的民商事纠纷。

61 如何完善人民法院与商会调解组织的衔接机制?

答:根据《关于发挥商会调解优势推进民营经济领域纠

纷多元化解机制建设的意见》第 7 条的规定，人民法院吸纳符合条件的商会调解组织或者调解员加入特邀调解组织名册或者特邀调解员名册。名册实行动态更新和维护，并向当事人提供完整、准确的调解组织和调解员信息，供当事人选择。落实委派调解和委托调解机制，加强与商会调解组织对接工作，探索设立驻人民法院调解室。加强诉讼与非诉讼解决方式的有机衔接，引导当事人优先选择商会调解组织解决纠纷。

62 对于拖欠小微企业账款案件，应建立哪些快速处理机制？

答：根据《最高人民法院关于优化法治环境　促进民营经济发展壮大的指导意见》的规定，将拖欠中小微企业账款案件纳入办理拖欠农民工工资案件的快立快审快执"绿色通道"，确保农民工就业比较集中的中小微企业及时回笼账款，及时发放农民工工资。与相关部门协同治理，加大对机关、事业单位拖欠民营企业账款的清理力度，符合纳入失信被执行人名单情形的，依法予以纳入，并将失信信息纳入全国信用信息共享平台。加大平安建设中相关执行工作考评力度，促推执行工作更加有力、有效，及时兑现中小微企业胜诉权益。

63 如何优化财产保全措施,减少对企业正常经营的影响?

答:根据《最高人民法院关于优化法治环境 促进民营经济发展壮大的指导意见》的规定,依法灵活采取查封措施,有效释放被查封财产使用价值和融资功能。在能够实现保全目的的情况下,人民法院应当选择对生产经营活动影响较小的方式。对不宜查封扣押冻结的经营性涉案财物,采取强制措施可能会延误企业生产经营、甚至造成企业停工的,应严格审查执行措施的合法性和必要性。被申请人提供担保请求解除保全措施,经审查认为担保充分有效的,应当裁定准许。

64 如何有效约束地方人民政府违约行为,保障民营经济组织的合法权益?

答:根据《中华人民共和国民营经济促进法》第70条的规定,地方各级人民政府及其有关部门应当履行依法向民营经济组织作出的政策承诺和与民营经济组织订立的合同,不得以行政区划调整、政府换届、机构或者职能调整以及相关人员更替等为由违约、毁约。

因国家利益、社会公共利益需要改变政策承诺、合同约定的,应当依照法定权限和程序进行,并对民营经济组织因此受到的损失予以补偿。

65 如何防范和治理民营企业腐败？

答：根据《中共中央、国务院关于促进民营经济发展壮大的意见》第11条的规定，要构建民营企业源头防范和治理腐败的体制机制。出台司法解释，依法加大对民营企业工作人员职务侵占、挪用资金、受贿等腐败行为的惩处力度。健全涉案财物追缴处置机制。深化涉案企业合规改革，推动民营企业合规守法经营。强化民营企业腐败源头治理，引导民营企业建立严格的审计监督体系和财会制度。充分发挥民营企业党组织作用，推动企业加强法治教育，营造诚信廉洁的企业文化氛围。建立多元主体参与的民营企业腐败治理机制。推动建设法治民营企业、清廉民营企业。

66 如何规范刑民交叉案件的审理程序，保障民营经济主体合法权益？

答：根据《最高人民法院关于优化法治环境 促进民营经济发展壮大的指导意见》的规定，依法受理刑民交叉案件，健全刑事案件线索移送工作机制。如刑事案件与民事案件非"同一事实"，民事案件与刑事案件应分别审理；民事案件无需以刑事案件裁判结果为依据的，不得以刑事案件正在侦查或者尚未审结为由拖延民事诉讼；如果民事案件必须以刑事案件的审理结果为依据，在中止诉讼期间，应当加强工作交流，共同推进案件审理进展，及时有效保护民营经济主体合法权益。

第八章 法律责任

67 哪些违反《中华人民共和国民营经济促进法》的情形有关机关可以责令改正？

答：根据《中华人民共和国民营经济促进法》第71条和第72条的规定，违反该法规定，有下列情形之一的，由有权机关责令改正，造成不良后果或者影响的，对负有责任的领导人员和直接责任人员依法给予处分：（1）未经公平竞争审查或者未通过公平竞争审查出台政策措施；（2）在招标投标、政府采购等公共资源交易中限制或者排斥民营经济组织。

违反法律规定实施征收、征用或者查封、扣押、冻结等措施的，由有权机关责令改正，造成损失的，依法予以赔偿；造成不良后果或者影响的，对负有责任的领导人员和直接责任人员依法给予处分。

违反法律规定实施异地执法的，由有权机关责令改正，造成不良后果或者影响的，对负有责任的领导人员和直接责任人员依法给予处分。

68 国家机关、企事业单位拖欠民营经济组织账款，或地方人民政府未履行承诺时，应承担哪些法律责任？

答：根据《中华人民共和国民营经济促进法》第73条的规定，国家机关、事业单位、国有企业违反法律、行政法规规定或者合同约定，拒绝或者拖延支付民营经济组织账款，地方各级人民政府及其有关部门不履行向民营经济组织依法作出的政策承诺、依法订立的合同的，由有权机关予以纠正，造成损失的，依法予以赔偿；造成不良后果或者影响的，对负有责任的领导人员和直接责任人员依法给予处分。

大型企业违反法律、行政法规规定或者合同约定，拒绝或者拖延支付中小民营经济组织账款的，依法承担法律责任。

69 侵害民营经济组织及其经营者合法权益的，应当承担什么法律责任？

答：根据《中华人民共和国民营经济促进法》第74条的规定，违反该法规定，侵害民营经济组织及其经营者合法权益，其他法律、法规规定行政处罚的，从其规定；造成人身损害或者财产损失的，依法承担民事责任；构成犯罪的，依法追究刑事责任。

70 民营经济组织及其经营者生产经营活动违反法律法规规定,应承担什么法律责任?

答:根据《中华人民共和国民营经济促进法》第 75 条的规定,民营经济组织及其经营者生产经营活动违反法律、法规规定,由有权机关责令改正,依法予以行政处罚;造成人身损害或者财产损失的,依法承担民事责任;构成犯罪的,依法追究刑事责任。

71 民营经济组织及其经营者采取不正当手段骗取表彰荣誉等,应承担什么法律责任?

答:根据《中华人民共和国民营经济促进法》第 76 条的规定,民营经济组织及其经营者采取欺诈等不正当手段骗取表彰荣誉、优惠政策等的,应当撤销已获表彰荣誉、取消享受的政策待遇,依法予以处罚;构成犯罪的,依法追究刑事责任。

72 行业协会商会、中介服务机构的哪些违法情形需承担法律责任?

答:根据《优化营商环境条例》第 71 条的规定,行业协会商会、中介服务机构有下列情形之一的,由有关部门责令改正,依法追究法律责任:(1)违法开展收费、评比、认证等行为;(2)违法干预市场主体加入或者退出行业协会商会等社会组织；（3）没有法律、法规依据，强制或者变相强制市场主体参加评比、达标、表彰、培训、考核、考试以及类似活动，或者借前述活动向市场主体收费或者变相收费；（4）不向社会公开办理法定行政审批中介服务的条件、流程、时限、收费标准；（5）违法强制或者变相强制市场主体接受中介服务。

第九章 附 则

73 民营经济组织的定义是什么？

答：根据《中华人民共和国民营经济促进法》第 77 条的规定，该法所称民营经济组织，是指在中华人民共和国境内依法设立的由中国公民控股或者实际控制的营利法人、非法人组织和个体工商户，以及前述组织控股或者实际控制的营利法人、非法人组织。

民营经济组织涉及外商投资的，同时适用外商投资法律法规的相关规定。

74 《中华人民共和国民营经济促进法》何时实施？

答：根据《中华人民共和国民营经济促进法》第 78 条的规定，该法自 2025 年 5 月 20 日起施行。

附录一

关于《中华人民共和国民营经济促进法（草案）》的说明

——2024年12月21日在第十四届全国人民代表大会常务委员会第十三次会议上

司法部部长 贺 荣

委员长、各位副委员长、秘书长、各位委员：

我受国务院委托，现对《中华人民共和国民营经济促进法（草案）》（以下简称草案）作说明。

一、立法背景和过程

党中央、国务院高度重视促进民营经济发展。改革开放以来，在党的理论和路线方针政策指引下，我国民营经济快速发展，日益成为国民经济的重要组成部分。党的十八大以来，以习近平同志为核心的党中央高度重视发展民营经济，采取一系列重大举措，民营经济在我国国民经济和社会发展中的作用持续提升，成为推进中国式现代化的生力军，高质量发展的重要基础，推动我国全面建成社会主义现代化强国、实现第二个百年奋斗目标的重要力量。党的二十届三中全会明确提出，制定民营经济促进法。作为我国第一部专门关于民营经济发展的基础性法律，将改革开放以来特别是党的十八大以来党中央、国务院关于民营经济的方针政策和实践中的有效做法确定为法律制度，有助于巩固改革成果，回应各方关切，提振发展信心，更好发挥法治固根本、稳预期、利长远的保障作用，营造有利于包括民营经济在内的各种所有制经济共同发展的法治环境和社会氛围。制定民营经济促进法已分别列入全国人大常委会和国务院2024年度立法工作计划。

按照有关工作部署，司法部、国家发展改革委商请全国人大常委会法工委共同牵头组建了由17家中央有关单位组成的立法起草工作专班。工作专班深入贯彻落实党中央、国务院方针政策，认真学习领悟习近平总书记关于民营经济发展的重要指示精神，梳理当前民营经济发展面临的问题，归集整理相关政策文件，分赴地方调研，多次召开座谈会听取民营经济组织代表、专家学者等的意见建议，与中央有关单位专题研究、深入论证，数易其稿。形成初稿后，听取了21家中央和国家机关有关单位意见，修改完善后又送53家中央和国家机关有关单位、31个省（自治区、直辖市）人民政府征求意见。工作专班对各方面提出的近千条意见逐条认真研究、吸收采纳，再行组织专家论证，与各有关方面反复沟通协调，修改形成草案征求意见稿。党的二十届三中全会后，对标全会精神又作了进一步修改完善。2024年10月10日至11月8

日,司法部、国家发展改革委将草案征求意见稿向社会公开征求意见。公开征求意见结束后,对社会各界提出的意见建议进行归集整理,会同有关方面认真研究、吸纳完善修改形成了草案。草案已经国务院常务会议讨论通过。

二、立法基本原则和思路

草案主要遵循以下基本原则和思路:一是坚持党的领导。旗帜鲜明规定促进民营经济发展工作坚持中国共产党的领导,坚持以人民为中心,坚持中国特色社会主义制度,坚持社会主义基本经济制度,确保民营经济发展的正确政治方向。二是坚持"两个毫不动摇"。将坚持"两个毫不动摇"明确为法律制度,向社会表明这是国家长期坚持的大政方针。三是坚持依法平等对待、平等保护。把党中央、国务院对民营经济平等对待、平等保护的要求用法律制度落下来,保障各类经济组织享有平等的法律地位、市场机会和发展权利。四是既鼓励支持民营经济发展,又注重规范和引导。促其依法经营、主动融入国家战略、弘扬企业家精神、积极履行社会责任,促进民营经济健康发展和民营经济人士健康成长。五是坚持问题导向。聚焦民营经济健康发展面临的问题,立足我国社会主义制度和国情,着力完善相关制度机制,注重规定、细化解决问题的制度措施,增强制度刚性,持续优化稳定、公平、透明、可预期的民营经济发展环境。

三、主要内容

草案共9章78条,主要规定了以下内容:

(一)促进民营经济发展总体要求。将立法的基本原则和思路作为总则重要内容,明确促进民营经济发展工作坚持党的领导,坚持"两个毫不动摇",强调民营经济组织及其经营者应当拥护中国共产党的领导,坚持中国特色社会主义制度,积极投身社会主义现代化强国建设,遵守法律法规,遵守社会公德和商业道德,履行社会责任,接受政府和社会监督。

(二)保障公平竞争。着力健全、完善民营经济组织市场准入领域公平参与市场竞争的制度机制,把实践中行之有效的政策和做法确定为法律制度。规定市场准入负面清单以外的领域,包括民营经济组织在内的各类经济组织可以依法平等进入;对落实公平竞争审查制度、定期清理市场准入壁垒、禁止在招标投标和政府采购中限制或者排斥民营经济组织等作出规定。

(三)改善投融资环境。完善制度措施,降低制度性交易成本,优化民营经济投资融资环境。重点对支持民营经济组织参与国家重大战略和重大工程、完善民营经济组织融资风险市场化分担机制等方面作出规定。同时,明确投融资鼓励支持措施在依法前提下,按照平等适用、市场化等原则实施。

(四)支持科技创新。鼓励民营经济组织在发展新质生产力中积极发挥作用,以科技创新催生新产业、新模式、新动能。支持民营经济组织参与国家科技攻关项目,支持有能力的民营经济组织牵头承担重大技术攻关任务,向民营经济组织开放国家重大科研基础设施。鼓励公共研究开发平台、共性技术平台为民营经济组织技术创新平等提供服务，推动产学研深度融合。保障民营经济组织依法参与标准制定。支持民营经济组织依法开发利用开放的公共数据资源。加强对民营经济组织及其经营者知识产权的保护。

（五）注重规范引导。强调发挥民营经济组织中党组织政治引领作用和党员先锋模范作用；民营经济组织生产经营活动应当遵守法律法规，不得妨害市场和金融秩序、用贿赂和欺诈等手段牟利、破坏生态环境、损害劳动者合法权益和社会公共利益；民营经济组织应当完善治理结构和管理制度、规范经营者行为。同时，对依法规范和引导民营资本健康发展，构建民营经济组织源头防范和治理腐败体制机制，加强廉洁风险防控，建立独立规范的财务制度、防止财务造假等作出规定。

（六）优化服务保障。明确建立畅通有效的政企沟通机制，制定与经营主体生产经营活动密切相关的法律法规和政策措施应当注重听取意见，高效便利办理涉企事项，完善人才激励和服务保障政策措施。同时，对强化行政执法监督、防止多头执法等作出规定。健全信用修复制度，对符合信用修复条件的，及时解除惩戒措施并在相关公共信用信息平台实现协同修复。

（七）加强权益保护。规范涉及限制人身自由和查封、扣押、冻结等强制措施，并要求依照法定权限、条件和程序进行。禁止利用行政、刑事手段违法干预经济纠纷。细化办案程序，规范异地执法行为。围绕加强账款支付保障工作，强化预算管理，有针对性细化支付账款规定，设置账款拖欠协商调解处置程序等。

（八）强化法律责任。为使本法规定的制度措施得到落实，设专章强化有关违法行为的法律责任，增强制度刚性和权威性。

草案和以上说明是否妥当，请审议。

全国人民代表大会宪法和法律委员会关于《中华人民共和国民营经济促进法（草案）》修改情况的汇报

全国人民代表大会常务委员会：

常委会第十三次会议对民营经济促进法草案进行了初次审议。会后，法制工作委员会将草案印发各省（区、市）人大、中央有关部门、部分研究机构和54个基层立法联系点征求意见；通过代表工作信息化平台征求全国人大代表的意见；在中国人大网全文公布草案，征求社会公众意见。宪法和法律委员会、财政经济委员会、法制工作委员会联合召开座谈会，进一步听取各有关方面意见。宪法和法律委员会、法制工作委员会就草案的有关问题与有关方面交换意见，共同研究。

从常委会审议和征求意见情况看，各方面对制定民营经济促进法高度认同，对草案充分肯定，普遍认为：草案贯彻落实习近平总书记重要指示批示精神和党中央决策部署，将党的十八大以来党中央关于促进民营经济健康发展的重大方

附录一 全国人民代表大会宪法和法律委员会关于《中华人民共和国民营经济促进法（草案）》修改情况的汇报

针、政策和举措上升为法律规范，对于全社会稳定预期、振奋信心、凝聚力量，激发民营经济发展动能，推动高质量发展，发挥民营经济在强国建设、民族复兴中的重要作用，具有重大而深远的意义，建议进一步修改完善后尽快审议出台。宪法和法律委员会于2月14日召开会议，根据常委会组成人员的审议意见和各方面的意见，对草案进行了逐条审议。财政经济委员会、国家发展和改革委员会、司法部有关负责同志列席了会议。2月19日，宪法和法律委员会召开会议，认真学习领会习近平总书记2月17日在民营企业座谈会上重要讲话精神，对草案再次进行了审议。现将民营经济促进法草案主要问题修改情况汇报如下：

一、一些意见建议，对标对表习近平总书记重要指示批示和党的二十届三中全会等精神，认真落实中央经济工作会议部署，在草案相关条款中进一步体现党中央关于构建高水平社会主义市场经济体制、优化民营经济发展环境等要求。宪法和法律委员会经研究，建议对草案作以下修改：一是，在第一条中增加"构建高水平社会主义市场经济体制"；二是，将第二条中的"坚持"社会主义基本经济制度，修改为"坚持和完善"社会主义基本经济制度；三是，在第二十七条中增加"推动科技创新"、"建设现代化产业体系"。

二、有的常委会组成人员和地方、企业、社会公众提出，法治是最好的营商环境，建议进一步突出法治的保障作用，充实完善相关内容。宪法和法律委员会经研究，建议在草案中增加以下规定：一是，根据立法法的规定，与经营主体生产经营活动密切相关的法律、法规、规章和其他规范性文件，属于审判、检察工作中具体应用法律的解释，不溯及既往，但为了更好地保护公民、法人和其他组织的权利和利益而作的特别规定除外；二是，针对同一检查对象的多个检查事项，应当尽可能合并或者纳入跨部门联合检查范围；三是，任何单位不得违反法律、法规向民营经济组织收取费用，不得实施没有法律、法规依据的罚款，不得向民营经济组织摊派财物。

三、一些常委会组成人员和部门、地方、基层立法联系点建议，发挥行业协会商会在促进民营经济发展中的作用，在草案中增加相关规定。宪法和法律委员会经研究，建议增加一条规定：有关行业协会商会依照法律、法规和章程，发挥协调和自律作用，及时反映行业诉求，为民营经济组织及其经营者提供信息咨询、宣传培训、市场拓展、权益保护、纠纷处理等方面的服务。

此外，还对草案作了一些文字修改。

法制工作委员会同时提出了关于民营经济促进法草案合宪性涉宪性问题的研究意见。

草案二次审议稿已按上述意见作了修改，宪法和法律委员会建议提请本次常委会会议继续审议。

草案二次审议稿和以上汇报是否妥当，请审议。

全国人民代表大会宪法和法律委员会

2025年2月24日

全国人民代表大会宪法和法律委员会关于《中华人民共和国民营经济促进法（草案）》审议结果的报告

全国人民代表大会常务委员会：

常委会第十四次会议对民营经济促进法草案进行了二次审议。会后，法制工作委员会将草案印发中央有关部门征求意见。宪法和法律委员会、法制工作委员会赴江苏调研，进一步听取意见。宪法和法律委员会于3月31日召开会议，根据常委会组成人员的审议意见和各方面的意见，对草案进行了逐条审议。财政经济委员会、国家发展和改革委员会、司法部有关负责同志列席了会议。4月18日，宪法和法律委员会召开会议，再次进行了审议。宪法和法律委员会认为，为贯彻落实习近平总书记重要指示精神和党中央决策部署，发挥法治固根本、稳预期、利长远的保障作用，鼓励、支持、引导民营经济健康发展、高质量发展，制定民营经济促进法是十分必要的。草案经过两次审议修改，已经比较成熟。同时，提出以下主要修改意见：

一、有的常委会组成人员建议，进一步体现和落实习近平总书记关于促进民营经济发展的重要指示精神和党中央部署要求。宪法和法律委员会经研究，建议在草案二次审议稿相关条款中增加以下规定：一是，引导民营经济组织经营者"坚定做中国式现代化的促进者"；二是，鼓励、引导民营经济组织"积极履行社会责任"。

二、有的常委会组成人员提出，加强劳动者合法权益保护，既是民营经济组织的法定义务，也是民营经济健康发展的内在要求，建议充实相关内容。宪法和法律委员会经研究，建议在草案二次审议稿第六条中增加"保障劳动者合法权益"；在第三十八条中增加规定：民营经济组织应当"依法建立健全以职工代表大会为基本形式的民主管理制度"。

三、根据常委会组成人员和地方的意见，宪法和法律委员会经研究，建议进一步充实服务民营经济发展的内容，在草案二次审议稿相关条款中增加规定：提升金融服务可获得性和便利度；加强法律、金融、物流等海外综合服务。

四、一些常委会组成人员和地方、部门建议，进一步规范执法行为，防止违规异地执法。宪法和法律委员会经研究，建议在草案二次审议稿中增加以下规定：一是，办理案件应当"遵守法律关于追诉期限的规定"；二是，禁止为经济利益等目的滥用职权实施异地执法。

此外，还对草案二次审议稿作了一些文字修改。

草案三次审议稿已按上述意见作了修改，宪法和法律委员会建议提请本次常委会会议审议通过。

草案三次审议稿和以上报告是否妥当，请审议。

全国人民代表大会宪法和法律委员会
2025 年 4 月 27 日

全国人民代表大会宪法和法律委员会关于《中华人民共和国民营经济促进法（草案三次审议稿）》修改意见的报告

全国人民代表大会常务委员会：

本次常委会会议于4月27日下午对民营经济促进法草案三次审议稿进行了分组审议。普遍认为，草案已经比较成熟，建议进一步修改后，提请本次常委会会议表决通过。同时，有些常委会组成人员和列席人员还提出了一些修改意见和建议。宪法和法律委员会于4月27日晚召开会议，逐条研究了常委会组成人员和列席人员的审议意见，对草案进行统一审议。财政经济委员会、国家发展和改革委员会、司法部有关负责同志列席了会议。宪法和法律委员会认为，草案是可行的，同时，提出以下修改意见：

一、有的常委委员提出，关于民营经济组织的组织形式等，应当与有关法律规定做好衔接。宪法和法律委员会经研究，建议在草案三次审议稿第三十八条中增加一款，规定：

民营经济组织的组织形式、组织机构及其活动准则,适用《中华人民共和国公司法》、《中华人民共和国合伙企业法》、《中华人民共和国个人独资企业法》等法律的规定。

二、有的常委委员建议,在本法中对构建新发展格局提出要求,支持、引导民营企业更好应对风险挑战。宪法和法律委员会经研究,建议在草案三次审议稿第五十七条中增加规定:坚持高水平对外开放,加快构建以国内大循环为主体、国内国际双循环相互促进的新发展格局。

三、根据有的常委委员和有关部门的意见,宪法和法律委员会经研究,建议对草案三次审议稿有关表述作进一步完善,使之更为准确:一是,将第二十条中的"对金融机构向小型微型民营经济组织提供金融服务按照市场化、法治化原则实施差异化监管"修改为"按照市场化、法治化原则,对金融机构向小型微型民营经济组织提供金融服务实施差异化政策";二是,将第六十二条中的"本人财产"修改为"涉案人财产"。

在审议过程中,常委会组成人员还就促进民营经济健康发展提出了其他一些很好的意见建议。宪法和法律委员会研究认为,有些问题在草案起草和审议中已作过反复研究,有些在本法和有关法律中已有体现或规定,有些可由有关部门出台配套规定和相关政策措施予以细化、明确,建议有关方面认真研究。民营经济促进法是构建高水平社会主义市场经济体制,促进民营经济健康发展、高质量发展的重要法律,具有法治创新意义。各地区、各部门、各方面要深入学习贯彻习近平总书记在民营企业座谈会上的重要讲话精神和党中央部署要求，认真做好本法的宣传解读和贯彻实施工作，及时制定配套规定和政策措施，营造促进民营经济发展的良好环境，保证法律出台实施的政治效果、法律效果、社会效果。

经与有关方面研究，建议将本法的施行时间确定为2025年5月20日。

此外，根据常委会组成人员的审议意见，还对草案三次审议稿作了一些文字修改。

草案修改稿已按上述意见作了修改，宪法和法律委员会建议提请本次常委会会议审议通过。

草案修改稿和以上报告是否妥当，请审议。

全国人民代表大会宪法和法律委员会
2025年4月29日

附录二

优化营商环境条例

(2019年10月8日国务院第66次常务会议通过 2019年10月22日中华人民共和国国务院令第722号公布 自2020年1月1日起施行)

第一章 总 则

第一条 为了持续优化营商环境,不断解放和发展社会生产力,加快建设现代化经济体系,推动高质量发展,制定本条例。

第二条 本条例所称营商环境,是指企业等市场主体在市场经济活动中所涉及的体制机制性因素和条件。

第三条 国家持续深化简政放权、放管结合、优化服务改革,最大限度减少政府对市场资源的直接配置,最大限度减少政府对市场活动的直接干预,加强和规范事中事后监管,着力提升政务服务能力和水平,切实降低制度性交易成本,更大激发市场活力和社会创造力,增强发展动力。

各级人民政府及其部门应当坚持政务公开透明,以公开为常态、不公开为例外,全面推进决策、执行、管理、服务、结果公开。

第四条 优化营商环境应当坚持市场化、法治化、国际化原则，以市场主体需求为导向，以深刻转变政府职能为核心，创新体制机制、强化协同联动、完善法治保障，对标国际先进水平，为各类市场主体投资兴业营造稳定、公平、透明、可预期的良好环境。

第五条 国家加快建立统一开放、竞争有序的现代市场体系，依法促进各类生产要素自由流动，保障各类市场主体公平参与市场竞争。

第六条 国家鼓励、支持、引导非公有制经济发展，激发非公有制经济活力和创造力。

国家进一步扩大对外开放，积极促进外商投资，平等对待内资企业、外商投资企业等各类市场主体。

第七条 各级人民政府应当加强对优化营商环境工作的组织领导，完善优化营商环境的政策措施，建立健全统筹推进、督促落实优化营商环境工作的相关机制，及时协调、解决优化营商环境工作中的重大问题。

县级以上人民政府有关部门应当按照职责分工，做好优化营商环境的相关工作。县级以上地方人民政府根据实际情况，可以明确优化营商环境工作的主管部门。

国家鼓励和支持各地区、各部门结合实际情况，在法治框架内积极探索原创性、差异化的优化营商环境具体措施；对探索中出现失误或者偏差，符合规定条件的，可以予以免责或者减轻责任。

第八条 国家建立和完善以市场主体和社会公众满意度为导向的营商环境评价体系，发挥营商环境评价对优化营商环境的引领和督促作用。

开展营商环境评价，不得影响各地区、各部门正常工作，不得影响市场主体正常生产经营活动或者增加市场主体负担。

任何单位不得利用营商环境评价谋取利益。

第九条 市场主体应当遵守法律法规，恪守社会公德和商业道德，诚实守信、公平竞争，履行安全、质量、劳动者权益保护、消费者权益保护等方面的法定义务，在国际经贸活动中遵循国际通行规则。

第二章 市场主体保护

第十条 国家坚持权利平等、机会平等、规则平等，保障各种所有制经济平等受到法律保护。

第十一条 市场主体依法享有经营自主权。对依法应当由市场主体自主决策的各类事项，任何单位和个人不得干预。

第十二条 国家保障各类市场主体依法平等使用资金、技术、人力资源、土地使用权及其他自然资源等各类生产要素和公共服务资源。

各类市场主体依法平等适用国家支持发展的政策。政府及其有关部门在政府资金安排、土地供应、税费减免、资质许可、标准制定、项目申报、职称评定、人力资源政策等方面，应当依法平等对待各类市场主体，不得制定或者实施歧视性政策措施。

第十三条 招标投标和政府采购应当公开透明、公平公正，依法平等对待各类所有制和不同地区的市场主体，不得以不合理条件或者产品产地来源等进行限制或者排斥。

政府有关部门应当加强招标投标和政府采购监管，依法纠正和查处违法违规行为。

第十四条 国家依法保护市场主体的财产权和其他合法权益，保护企业经营者人身和财产安全。

严禁违反法定权限、条件、程序对市场主体的财产和企业经营者个人财产实施查封、冻结和扣押等行政强制措施；依法确需实施前述行政强制措施的，应当限定在所必需的范围内。

禁止在法律、法规规定之外要求市场主体提供财力、物力或者人力的摊派行为。市场主体有权拒绝任何形式的摊派。

第十五条 国家建立知识产权侵权惩罚性赔偿制度，推动建立知识产权快速协同保护机制，健全知识产权纠纷多元化解决机制和知识产权维权援助机制，加大对知识产权的保护力度。

国家持续深化商标注册、专利申请便利化改革，提高商标注册、专利申请审查效率。

第十六条 国家加大中小投资者权益保护力度，完善中小投资者权益保护机制，保障中小投资者的知情权、参与权，提升中小投资者维护合法权益的便利度。

第十七条 除法律、法规另有规定外，市场主体有权自主决定加入或者退出行业协会商会等社会组织，任何单位和个人不得干预。

除法律、法规另有规定外，任何单位和个人不得强制或者变相强制市场主体参加评比、达标、表彰、培训、考核、考试以及类似活动，不得借前述活动向市场主体收费或者变相收费。

第十八条 国家推动建立全国统一的市场主体维权服务平台，为市场主体提供高效、便捷的维权服务。

第三章 市 场 环 境

第十九条 国家持续深化商事制度改革，统一企业登记业务规范，统一数据标准和平台服务接口，采用统一社会信用代码进行登记管理。

国家推进"证照分离"改革，持续精简涉企经营许可事项，依法采取直接取消审批、审批改为备案、实行告知承诺、优化审批服务等方式，对所有涉企经营许可事项进行分类管理，为企业取得营业执照后开展相关经营活动提供便利。除法律、行政法规规定的特定领域外，涉企经营许可事项不得作为企业登记的前置条件。

政府有关部门应当按照国家有关规定，简化企业从申请设立到具备一般性经营条件所需办理的手续。在国家规定的企业开办时限内，各地区应当确定并公开具体办理时间。

企业申请办理住所等相关变更登记的，有关部门应当依法及时办理，不得限制。除法律、法规、规章另有规定外，企业迁移后其持有的有效许可证件不再重复办理。

第二十条　国家持续放宽市场准入，并实行全国统一的市场准入负面清单制度。市场准入负面清单以外的领域，各类市场主体均可以依法平等进入。

各地区、各部门不得另行制定市场准入性质的负面清单。

第二十一条　政府有关部门应当加大反垄断和反不正当竞争执法力度，有效预防和制止市场经济活动中的垄断行为、不正当竞争行为以及滥用行政权力排除、限制竞争的行为，营造公平竞争的市场环境。

第二十二条　国家建立健全统一开放、竞争有序的人力资源市场体系，打破城乡、地区、行业分割和身份、性别等歧视，促进人力资源有序社会性流动和合理配置。

第二十三条　政府及其有关部门应当完善政策措施、强化创新服务，鼓励和支持市场主体拓展创新空间，持续推进产品、技术、商业模式、管理等创新，充分发挥市场主体在推动科技成果转化中的作用。

第二十四条　政府及其有关部门应当严格落实国家各项减税降费政策，及时研究解决政策落实中的具体问题，确保减税降费政策全面、及时惠及市场主体。

第二十五条　设立政府性基金、涉企行政事业性收费、涉企保证金，应当有法律、行政法规依据或者经国务院批准。对政府性基金、涉企行政事业性收费、涉企保证金以及实行政府定价的经营服务性收费，实行目录清单管理并向社会公开，目录清单之外的前述收费和保证金一律不得执行。推广以金融机构保函替代现金缴纳涉企保证金。

第二十六条 国家鼓励和支持金融机构加大对民营企业、中小企业的支持力度,降低民营企业、中小企业综合融资成本。

金融监督管理部门应当完善对商业银行等金融机构的监管考核和激励机制,鼓励、引导其增加对民营企业、中小企业的信贷投放,并合理增加中长期贷款和信用贷款支持,提高贷款审批效率。

商业银行等金融机构在授信中不得设置不合理条件,不得对民营企业、中小企业设置歧视性要求。商业银行等金融机构应当按照国家有关规定规范收费行为,不得违规向服务对象收取不合理费用。商业银行应当向社会公开开设企业账户的服务标准、资费标准和办理时限。

第二十七条 国家促进多层次资本市场规范健康发展,拓宽市场主体融资渠道,支持符合条件的民营企业、中小企业依法发行股票、债券以及其他融资工具,扩大直接融资规模。

第二十八条 供水、供电、供气、供热等公用企事业单位应当向社会公开服务标准、资费标准等信息,为市场主体提供安全、便捷、稳定和价格合理的服务,不得强迫市场主体接受不合理的服务条件,不得以任何名义收取不合理费用。各地区应当优化报装流程,在国家规定的报装办理时限内确定并公开具体办理时间。

政府有关部门应当加强对公用企事业单位运营的监督

管理。

第二十九条 行业协会商会应当依照法律、法规和章程，加强行业自律，及时反映行业诉求，为市场主体提供信息咨询、宣传培训、市场拓展、权益保护、纠纷处理等方面的服务。

国家依法严格规范行业协会商会的收费、评比、认证等行为。

第三十条 国家加强社会信用体系建设，持续推进政务诚信、商务诚信、社会诚信和司法公信建设，提高全社会诚信意识和信用水平，维护信用信息安全，严格保护商业秘密和个人隐私。

第三十一条 地方各级人民政府及其有关部门应当履行向市场主体依法作出的政策承诺以及依法订立的各类合同，不得以行政区划调整、政府换届、机构或者职能调整以及相关责任人更替等为由违约毁约。因国家利益、社会公共利益需要改变政策承诺、合同约定的，应当依照法定权限和程序进行，并依法对市场主体因此受到的损失予以补偿。

第三十二条 国家机关、事业单位不得违约拖欠市场主体的货物、工程、服务等账款，大型企业不得利用优势地位拖欠中小企业账款。

县级以上人民政府及其有关部门应当加大对国家机关、事业单位拖欠市场主体账款的清理力度，并通过加强预算管理、严格责任追究等措施，建立防范和治理国家机关、事业单位拖欠市场主体账款的长效机制。

第三十三条 政府有关部门应当优化市场主体注销办理流程，精简申请材料、压缩办理时间、降低注销成本。对设立后未开展生产经营活动或者无债权债务的市场主体，可以按照简易程序办理注销。对有债权债务的市场主体，在债权债务依法解决后及时办理注销。

县级以上地方人民政府应当根据需要建立企业破产工作协调机制，协调解决企业破产过程中涉及的有关问题。

第四章 政务服务

第三十四条 政府及其有关部门应当进一步增强服务意识，切实转变工作作风，为市场主体提供规范、便利、高效的政务服务。

第三十五条 政府及其有关部门应当推进政务服务标准化，按照减环节、减材料、减时限的要求，编制并向社会公开政务服务事项（包括行政权力事项和公共服务事项，下同）标准化工作流程和办事指南，细化量化政务服务标准，压缩自由裁量权，推进同一事项实行无差别受理、同标准办理。没有法律、法规、规章依据，不得增设政务服务事项的办理条件和环节。

第三十六条 政府及其有关部门办理政务服务事项，应当根据实际情况，推行当场办结、一次办结、限时办结等制度，实现集中办理、就近办理、网上办理、异地可办。需要市场主体补正有关材料、手续的，应当一次性告知需要补正的内容；需要进行现场踏勘、现场核查、技术审查、听证论证的，应当及时安排、限时办结。

法律、法规、规章以及国家有关规定对政务服务事项办理时限有规定的，应当在规定的时限内尽快办结；没有规定的，应当按照合理、高效的原则确定办理时限并按时办结。各地区可以在国家规定的政务服务事项办理时限内进一步压减时间，并应当向社会公开；超过办理时间的，办理单位应当公开说明理由。

地方各级人民政府已设立政务服务大厅的，本行政区域内各类政务服务事项一般应当进驻政务服务大厅统一办理。对政务服务大厅中部门分设的服务窗口，应当创造条件整合为综合窗口，提供一站式服务。

第三十七条 国家加快建设全国一体化在线政务服务平台（以下称一体化在线平台），推动政务服务事项在全国范围内实现"一网通办"。除法律、法规另有规定或者涉及国家秘密等情形外，政务服务事项应当按照国务院确定的步骤，纳入一体化在线平台办理。

国家依托一体化在线平台，推动政务信息系统整合，优化政务流程，促进政务服务跨地区、跨部门、跨层级数据共享和业务协同。政府及其有关部门应当按照国家有关规定，提供数据共享服务，及时将有关政务服务数据上传至一体化在线平台，加强共享数据使用全过程管理，确保共享数据安全。

国家建立电子证照共享服务系统，实现电子证照跨地区、跨部门共享和全国范围内互信互认。各地区、各部门应当加强电子证照的推广应用。

各地区、各部门应当推动政务服务大厅与政务服务平台全面对接融合。市场主体有权自主选择政务服务办理渠道，行政机关不得限定办理渠道。

第三十八条　政府及其有关部门应当通过政府网站、一体化在线平台，集中公布涉及市场主体的法律、法规、规章、行政规范性文件和各类政策措施，并通过多种途径和方式加强宣传解读。

第三十九条　国家严格控制新设行政许可。新设行政许可应当按照行政许可法和国务院的规定严格设定标准，并进行合法性、必要性和合理性审查论证。对通过事中事后监管或者市场机制能够解决以及行政许可法和国务院规定不得设立行政许可的事项，一律不得设立行政许可，严禁以备案、登记、注册、目录、规划、年检、年报、监制、认定、认证、审定以及其他任何形式变相设定或者实施行政许可。

法律、行政法规和国务院决定对相关管理事项已作出规定，但未采取行政许可管理方式的，地方不得就该事项设定行政许可。对相关管理事项尚未制定法律、行政法规的，地方可以依法就该事项设定行政许可。

第四十条　国家实行行政许可清单管理制度，适时调整行政许可清单并向社会公布，清单之外不得违法实施行政许可。

国家大力精简已有行政许可。对已取消的行政许可，行政机关不得继续实施或者变相实施，不得转由行业协会商会或者其他组织实施。

对实行行政许可管理的事项，行政机关应当通过整合实施、下放审批层级等多种方式，优化审批服务，提高审批效率，减轻市场主体负担。符合相关条件和要求的，可以按照有关规定采取告知承诺的方式办理。

第四十一条 县级以上地方人民政府应当深化投资审批制度改革，根据项目性质、投资规模等分类规范投资审批程序，精简审批要件，简化技术审查事项，强化项目决策与用地、规划等建设条件落实的协同，实行与相关审批在线并联办理。

第四十二条 设区的市级以上地方人民政府应当按照国家有关规定，优化工程建设项目（不包括特殊工程和交通、水利、能源等领域的重大工程）审批流程，推行并联审批、多图联审、联合竣工验收等方式，简化审批手续，提高审批效能。

在依法设立的开发区、新区和其他有条件的区域，按照国家有关规定推行区域评估，由设区的市级以上地方人民政府组织对一定区域内压覆重要矿产资源、地质灾害危险性等事项进行统一评估，不再对区域内的市场主体单独提出评估要求。区域评估的费用不得由市场主体承担。

第四十三条 作为办理行政审批条件的中介服务事项（以下称法定行政审批中介服务）应当有法律、法规或者国务院决定依据；没有依据的，不得作为办理行政审批的条件。中介服务机构应当明确办理法定行政审批中介服务的条件、流程、时限、收费标准，并向社会公开。

国家加快推进中介服务机构与行政机关脱钩。行政机关不得为市场主体指定或者变相指定中介服务机构；除法定行政审批中介服务外，不得强制或者变相强制市场主体接受中介服务。行政机关所属事业单位、主管的社会组织及其举办的企业不得开展与本机关所负责行政审批相关的中介服务，法律、行政法规另有规定的除外。

行政机关在行政审批过程中需要委托中介服务机构开展技术性服务的，应当通过竞争性方式选择中介服务机构，并自行承担服务费用，不得转嫁给市场主体承担。

第四十四条 证明事项应当有法律、法规或者国务院决定依据。

设定证明事项，应当坚持确有必要、从严控制的原则。对通过法定证照、法定文书、书面告知承诺、政府部门内部核查和部门间核查、网络核验、合同凭证等能够办理，能够被其他材料涵盖或者替代，以及开具单位无法调查核实的，不得设定证明事项。

政府有关部门应当公布证明事项清单，逐项列明设定依据、索要单位、开具单位、办理指南等。清单之外，政府部门、公用企事业单位和服务机构不得索要证明。各地区、各部门之间应当加强证明的互认共享，避免重复索要证明。

第四十五条 政府及其有关部门应当按照国家促进跨境贸易便利化的有关要求，依法削减进出口环节审批事项，取消不必要的监管要求，优化简化通关流程，提高通关效率，清理规范口岸收费，降低通关成本，推动口岸和国际贸易领域相关业务统一通过国际贸易"单一窗口"办理。

第四十六条 税务机关应当精简办税资料和流程，简并申报缴税次数，公开涉税事项办理时限，压减办税时间，加大推广使用电子发票的力度，逐步实现全程网上办税，持续优化纳税服务。

第四十七条 不动产登记机构应当按照国家有关规定，加强部门协作，实行不动产登记、交易和缴税一窗受理、并行办理，压缩办理时间，降低办理成本。在国家规定的不动产登记时限内，各地区应当确定并公开具体办理时间。

国家推动建立统一的动产和权利担保登记公示系统，逐步实现市场主体在一个平台上办理动产和权利担保登记。纳入统一登记公示系统的动产和权利范围另行规定。

第四十八条 政府及其有关部门应当按照构建亲清新型政商关系的要求，建立畅通有效的政企沟通机制，采取多种方式及时听取市场主体的反映和诉求，了解市场主体生产经营中遇到的困难和问题，并依法帮助其解决。

建立政企沟通机制，应当充分尊重市场主体意愿，增强针对性和有效性，不得干扰市场主体正常生产经营活动，不得增加市场主体负担。

第四十九条 政府及其有关部门应当建立便利、畅通的渠道，受理有关营商环境的投诉和举报。

第五十条 新闻媒体应当及时、准确宣传优化营商环境的措施和成效，为优化营商环境创造良好舆论氛围。

国家鼓励对营商环境进行舆论监督，但禁止捏造虚假信息或者歪曲事实进行不实报道。

第五章 监 管 执 法

第五十一条 政府有关部门应当严格按照法律法规和职责，落实监管责任，明确监管对象和范围、厘清监管事权，依法对市场主体进行监管，实现监管全覆盖。

第五十二条 国家健全公开透明的监管规则和标准体系。国务院有关部门应当分领域制定全国统一、简明易行的监管规则和标准，并向社会公开。

第五十三条 政府及其有关部门应当按照国家关于加快构建以信用为基础的新型监管机制的要求，创新和完善信用监管，强化信用监管的支撑保障，加强信用监管的组织实施，不断提升信用监管效能。

第五十四条 国家推行"双随机、一公开"监管，除直接涉及公共安全和人民群众生命健康等特殊行业、重点领域外，市场监管领域的行政检查应当通过随机抽取检查对象、随机选派执法检查人员、抽查事项及查处结果及时向社会公开的方式进行。针对同一检查对象的多个检查事项，应当尽可能合并或者纳入跨部门联合抽查范围。

对直接涉及公共安全和人民群众生命健康等特殊行业、重点领域，依法依规实行全覆盖的重点监管，并严格规范重点监管的程序；对通过投诉举报、转办交办、数据监测等发现的问题，应当有针对性地进行检查并依法依规处理。

第五十五条 政府及其有关部门应当按照鼓励创新的原则,对新技术、新产业、新业态、新模式等实行包容审慎监管,针对其性质、特点分类制定和实行相应的监管规则和标准,留足发展空间,同时确保质量和安全,不得简单化予以禁止或者不予监管。

第五十六条 政府及其有关部门应当充分运用互联网、大数据等技术手段,依托国家统一建立的在线监管系统,加强监管信息归集共享和关联整合,推行以远程监管、移动监管、预警防控为特征的非现场监管,提升监管的精准化、智能化水平。

第五十七条 国家建立健全跨部门、跨区域行政执法联动响应和协作机制,实现违法线索互联、监管标准互通、处理结果互认。

国家统筹配置行政执法职能和执法资源,在相关领域推行综合行政执法,整合精简执法队伍,减少执法主体和执法层级,提高基层执法能力。

第五十八条 行政执法机关应当按照国家有关规定,全面落实行政执法公示、行政执法全过程记录和重大行政执法决定法制审核制度,实现行政执法信息及时准确公示、行政执法全过程留痕和可回溯管理、重大行政执法决定法制审核全覆盖。

第五十九条 行政执法中应当推广运用说服教育、劝导示范、行政指导等非强制性手段,依法慎重实施行政强制。采用非强制性手段能够达到行政管理目的的,不得实施行政强制；违法行为情节轻微或者社会危害较小的，可以不实施行政强制；确需实施行政强制的，应当尽可能减少对市场主体正常生产经营活动的影响。

开展清理整顿、专项整治等活动，应当严格依法进行，除涉及人民群众生命安全、发生重特大事故或者举办国家重大活动，并报经有权机关批准外，不得在相关区域采取要求相关行业、领域的市场主体普遍停产、停业的措施。

禁止将罚没收入与行政执法机关利益挂钩。

第六十条　国家健全行政执法自由裁量基准制度，合理确定裁量范围、种类和幅度，规范行政执法自由裁量权的行使。

第六章　法治保障

第六十一条　国家根据优化营商环境需要，依照法定权限和程序及时制定或者修改、废止有关法律、法规、规章、行政规范性文件。

优化营商环境的改革措施涉及调整实施现行法律、行政法规等有关规定的，依照法定程序经有权机关授权后，可以先行先试。

第六十二条　制定与市场主体生产经营活动密切相关的行政法规、规章、行政规范性文件，应当按照国务院的规定，充分听取市场主体、行业协会商会的意见。

除依法需要保密外，制定与市场主体生产经营活动密切相关的行政法规、规章、行政规范性文件，应当通过报纸、网络等向社会公开征求意见，并建立健全意见采纳情况反馈机制。向社会公开征求意见的期限一般不少于30日。

第六十三条 制定与市场主体生产经营活动密切相关的行政法规、规章、行政规范性文件，应当按照国务院的规定进行公平竞争审查。

制定涉及市场主体权利义务的行政规范性文件，应当按照国务院的规定进行合法性审核。

市场主体认为地方性法规同行政法规相抵触，或者认为规章同法律、行政法规相抵触的，可以向国务院书面提出审查建议，由有关机关按照规定程序处理。

第六十四条 没有法律、法规或者国务院决定和命令依据的，行政规范性文件不得减损市场主体合法权益或者增加其义务，不得设置市场准入和退出条件，不得干预市场主体正常生产经营活动。

涉及市场主体权利义务的行政规范性文件应当按照法定要求和程序予以公布，未经公布的不得作为行政管理依据。

第六十五条 制定与市场主体生产经营活动密切相关的行政法规、规章、行政规范性文件，应当结合实际，确定是否为市场主体留出必要的适应调整期。

政府及其有关部门应当统筹协调、合理把握规章、行政规范性文件等的出台节奏，全面评估政策效果，避免因政策叠加或者相互不协调对市场主体正常生产经营活动造成不利影响。

第六十六条 国家完善调解、仲裁、行政裁决、行政复议、诉讼等有机衔接、相互协调的多元化纠纷解决机制,为市场主体提供高效、便捷的纠纷解决途径。

第六十七条 国家加强法治宣传教育,落实国家机关普法责任制,提高国家工作人员依法履职能力,引导市场主体合法经营、依法维护自身合法权益,不断增强全社会的法治意识,为营造法治化营商环境提供基础性支撑。

第六十八条 政府及其有关部门应当整合律师、公证、司法鉴定、调解、仲裁等公共法律服务资源,加快推进公共法律服务体系建设,全面提升公共法律服务能力和水平,为优化营商环境提供全方位法律服务。

第六十九条 政府和有关部门及其工作人员有下列情形之一的,依法依规追究责任:

(一)违法干预应当由市场主体自主决策的事项;

(二)制定或者实施政策措施不依法平等对待各类市场主体;

(三)违反法定权限、条件、程序对市场主体的财产和企业经营者个人财产实施查封、冻结和扣押等行政强制措施;

(四)在法律、法规规定之外要求市场主体提供财力、物力或者人力;

(五)没有法律、法规依据,强制或者变相强制市场主体参加评比、达标、表彰、培训、考核、考试以及类似活动,或者借前述活动向市场主体收费或者变相收费;

(六)违法设立或者在目录清单之外执行政府性基金、涉企行政事业性收费、涉企保证金;

（七）不履行向市场主体依法作出的政策承诺以及依法订立的各类合同，或者违约拖欠市场主体的货物、工程、服务等账款；

（八）变相设定或者实施行政许可，继续实施或者变相实施已取消的行政许可，或者转由行业协会商会或者其他组织实施已取消的行政许可；

（九）为市场主体指定或者变相指定中介服务机构，或者违法强制市场主体接受中介服务；

（十）制定与市场主体生产经营活动密切相关的行政法规、规章、行政规范性文件时，不按照规定听取市场主体、行业协会商会的意见；

（十一）其他不履行优化营商环境职责或者损害营商环境的情形。

第七十条 公用企事业单位有下列情形之一的，由有关部门责令改正，依法追究法律责任：

（一）不向社会公开服务标准、资费标准、办理时限等信息；

（二）强迫市场主体接受不合理的服务条件；

（三）向市场主体收取不合理费用。

第七十一条 行业协会商会、中介服务机构有下列情形之一的，由有关部门责令改正，依法追究法律责任：

（一）违法开展收费、评比、认证等行为；

（二）违法干预市场主体加入或者退出行业协会商会等社会组织；

（三）没有法律、法规依据，强制或者变相强制市场主体参加评比、达标、表彰、培训、考核、考试以及类似活动，或者借前述活动向市场主体收费或者变相收费；

（四）不向社会公开办理法定行政审批中介服务的条件、流程、时限、收费标准；

（五）违法强制或者变相强制市场主体接受中介服务。

第七章 附　　则

第七十二条　本条例自2020年1月1日起施行。

中共中央办公厅印发
《关于加强新时代民营经济统战工作的意见》

(2020年9月15日)

近日,中共中央办公厅印发了《关于加强新时代民营经济统战工作的意见》,并发出通知,要求各地区各部门结合实际认真贯彻落实。

《关于加强新时代民营经济统战工作的意见》主要内容如下。

改革开放以来,我国民营经济持续快速发展,党的民营经济统战工作不断开拓创新。党的十八大以来,以习近平同志为核心的党中央提出一系列新理念新思想新战略,采取一系列重大举措,指导和推动民营经济统战工作取得显著成绩。同时也要看到,中国特色社会主义进入新时代,民营经济规模不断扩大、风险挑战明显增多,民营经济人士的价值观念和利益诉求日趋多样,民营经济统战工作面临新形势新任务。为深入贯彻落实党中央重大决策部署,进一步加强党对民营经济统战工作的领导,更好把民营经济人士的智慧和力量凝聚到实现中华民族伟大复兴的目标任务上来,现提出如下意见。

一、重要意义

(一)加强民营经济统战工作是实现党对民营经济领导的重要方式。民营经济作为我国经济制度的内在要素,始终是坚持和发展中国特色社会主义的重要经济基础;民营经济人士作为我们自己人,始终是我们党长期执政必须团结和依靠的重要力量。充分认识民营经济对我国经济社会发展的重要性,充分认识民营经济存在和发展的长期性、必然性,推动新时代民营经济统战工作创新发展,有利于不断增强党对民营经济的领导力,把广大民营经济人士更加紧密地团结在党的周围,凝聚起同心共筑中国梦的磅礴力量。

(二)加强民营经济统战工作是发展完善中国特色社会主义制度的重要内容。坚持和完善中国特色社会主义制度、推进国家治理体系和治理能力现代化,必须始终坚持和完善我国基本经济制度,毫不动摇巩固和发展公有制经济,毫不动摇鼓励、支持、引导非公有制经济发展。做好民营经济统战工作,有利于激发民营经济人士在深化改革扩大开放、参与国家治理中的积极性、主动性,发挥市场在资源配置中的决定性作用,更好发挥政府作用,充分彰显中国特色社会主义的制度优势。

(三)加强民营经济统战工作是促进民营经济高质量发展的重要保障。深化供给侧结构性改革,实现经济高质量发展，迫切需要民营企业加快转型升级，提高民营企业家队伍整体素质。加强民营经济统战工作，有利于引导民营经济人士坚定发展信心、提高创新能力，鼓励支持民营企业转变发展方式、调整产业结构、转换增长动力，推动民营经济更好发展。

二、总体要求

（四）指导思想。以习近平新时代中国特色社会主义思想为指导，全面贯彻党的十九大和十九届二中、三中、四中全会精神，紧紧围绕统筹推进"五位一体"总体布局、协调推进"四个全面"战略布局，全面提高党领导民营经济统战工作的能力水平，切实加强民营经济统战工作，教育引导民营经济人士增强"四个意识"、坚定"四个自信"、做到"两个维护"，坚定不移听党话、跟党走，为实现"两个一百年"奋斗目标、实现中华民族伟大复兴的中国梦作出更大贡献。

（五）基本原则。坚持党对民营经济统战工作的领导，始终从政治和全局高度谋划推进工作；坚持"两个毫不动摇"，进一步增强党对民营经济人士的领导力和凝聚力；坚持构建亲清政商关系，优化营商环境，促进形成良好政治生态；坚持信任、团结、服务、引导、教育方针，正确处理一致性和多样性关系，一手抓鼓励支持，一手抓教育引导，不断增进民营经济人士在党的领导下走中国特色社会主义道路的政治共识。

三、加强民营经济人士思想政治建设

高举爱国主义、社会主义旗帜，加大政治引领和思想引导力度，不断筑牢民营经济人士思想政治工作基础。

（六）巩固扩大政治共识。教育引导民营经济人士用习近平新时代中国特色社会主义思想武装头脑、指导实践，在政治立场、政治方向、政治原则、政治道路上同党中央保持高度一致，始终做政治上的明白人。进一步加强民营企业党建工作，切实发挥党组织的战斗堡垒作用和党员的先锋模范作用。大力宣传党中央关于民营经济发展的大政方针，进一步推动思想理论创新，及时回应广大民营经济人士思想关切。各级党委统战部门要落实民营经济领域意识形态工作责任制，做到守土有责、守土负责、守土尽责。

（七）深化理想信念教育。持续深入开展理想信念教育实践活动，创新教育形式和话语体系，不断扩大覆盖面，提升实效性。依托革命老区、贫困地区、改革开放前沿地区等主题教育示范基地，加强世情国情党情教育，引导民营经济人士不断增进对中国共产党和中国特色社会主义的政治认同、思想认同、情感认同。发挥党员民营企业家、民营经济代表人士在理想信念教育中的示范作用，充分调动广大民营经济人士的主观能动性，加强自我学习、自我教育、自我提升。

（八）加大思想引导力度。引导民营经济人士增强自律意识，筑牢思想道德防线，严格规范自身言行，培养健康生活情趣，塑造良好公众形象。完善联谊交友、谈心交流制度，广交深交挚友诤友，打造一支关键时刻靠得住、用得上的民营经济人士骨干队伍。按照"团结－批评－团结"原则，扩大团结面、体现包容性。

（九）倡导争做"四个典范"。强化价值观引领，引导民营经济人士树立正确的国家观、法治观、事业观、财富观，做爱国敬业、守法经营、创业创新、回报社会的典范。深化中国梦宣传教育，引导民营经济人士树立家国情怀，以产业报国、实业强国为己任，脚踏实地干事，谦虚低调做人。注重发挥典型案例的警示作用，开展常态化法治宣传和警示教育，筑牢依法合规经营底线，倡导重信誉、守信用、讲信义，不断提升民营经济人士法治修养和道德水准。大力弘扬优秀企业家精神和工匠精神，充分激发创新活力和创造潜能。倡导义利兼顾、以义为先理念，坚持致富思源、富而思进，认真履行社会责任，大力构建和谐劳动关系，积极参与光彩事业、精准扶贫和公益慈善事业，克服享乐主义和奢靡之风，做到富而有德、富而有爱、富而有责。

四、建设高素质民营经济代表人士队伍

坚持党管人才原则，遵循民营经济人士成长规律，以提高素质、优化结构、发挥作用为目标，建设一支高素质、有担当的民营经济代表人士队伍。

（十）明确工作范围。统战工作要面向所有民营企业和民营经济人士，工作对象主要包括民营企业主要出资人、实际控制人，民营企业中持有股份的主要经营者，民营投资机构自然人大股东，以民营企业和民营经济人士为主体的工商领域社会团体主要负责人，相关社会服务机构主要负责人，民营中介机构主要合伙人，在内地投资的港澳工商界人士，有代表性的个体工商户。

(十一)健全选人机制。扩大选人视野,兼顾不同地区和行业、大中型企业和小微企业,建立民营经济代表人士数据库和人才库。拓宽人才发现渠道,发挥人才主管部门、统战部门、行业主管部门的作用,构建与民营经济人士健康成长相适应的人才工作体系。优化代表人士队伍结构,适当向战略性新兴产业、高技术产业、先进制造业、现代服务业、现代农业等领域倾斜,培养壮大坚定不移跟党走、一心一意谋发展的民营经济人士队伍。

(十二)加强教育培养。做好民营经济代表人士队伍建设规划,形成规范化常态化教育培养体系。充分发挥非公有制经济人士优秀中国特色社会主义事业建设者表彰的激励作用,进一步扩大其社会影响。以弘扬优秀传统文化、优秀企业家精神为主要内容,加强对民营企业家的教育培训。地方各级党校(行政学院)注意加强对党员民营经济人士的教育培训。坚持政治标准,积极稳妥做好在民营经济代表人士优秀分子中发展党员工作,把政治素质好、群众认可度高、符合党员条件的民营经济代表人士及时吸收到党内来。所在单位没有党组织的,县级以上党委(党组)组织人事部门可直接做好联系培养工作。

(十三)规范政治安排。坚持思想政治强、行业代表性强、参政议政能力强、社会信誉好的选人用人标准,严把人选政治关和遵纪守法关,并按规定事先征求企业党组织和各有关方面的意见。完善民营经济代表人士综合评价体系,确保选人用人质量。做好民营企业家担任省级工商联主席试点工作。稳妥做好推荐优秀民营企业家作为各级人大、政协常委会组成人员人选工作，把好入口关。开展聘请民营企业家担任特约检察员、特约监察员工作。引导民营经济代表人士强化履职尽责意识，建立健全履职考核制度和退出机制。

（十四）加大年轻一代培养力度。制定实施年轻一代民营经济人士健康成长促进计划，加大教育培养力度。发挥老一代民营企业家的传帮带作用，大力弘扬中华民族传统美德，注重家庭、家教和家风建设，引导年轻一代继承发扬听党话、跟党走的光荣传统，努力实现事业新老交接和有序传承。

五、支持服务民营经济高质量发展

坚持围绕中心、服务大局，促进民营经济高质量发展，是民营经济统战工作的题中应有之义，是衡量工作成效的重要标准。

（十五）推动践行新发展理念。加强形势政策教育，大力选树先进典型，引导民营经济人士按照新发展理念谋划推进企业改革发展，充分利用政府搭建的各类产学研用对接平台，发挥民营企业在科技创新和成果转化中的积极作用。深入开展调查研究，及时反映和推动解决民营企业转型升级面临的体制机制性障碍。引导民营经济人士坚持稳中求进，坚守实业、做强主业，强化底线思维，增强风险意识，有效防范化解经营风险特别是金融风险。

（十六）鼓励参与国家重大战略。依托统一战线组织动员民营经济人士投身创新驱动发展战略等国家重大战略，在服务国家经济建设大局中实现企业发展，提升思想境界和事业格局。加强与重点国家和地区工商领域社会团体及其驻华机构的交流合作，在相关国际合作机制中充分发挥工商联作用。引导民营企业积极参与"一带一路"建设，自觉维护国家利益，树立中国民营企业良好形象。

（十七）支持投身全面深化改革。引导民营经济人士正确对待改革带来的利益调整，理解改革、支持改革、参与改革，为全面深化改革建睿智之言、献务实之策。鼓励民营企业参与混合所有制改革。引导民营企业完善法人治理结构，探索建立中国特色现代企业制度。推动民营企业主动加强与世界一流企业和优秀国有企业交流合作，不断提升经营能力和管理水平。

（十八）不断优化营商环境。以促进市场公平竞争、平等保护产权为关键，推动构建市场化、法治化、国际化的营商环境。教育引导民营经济人士树立法律意识，坚持守法经营，自觉维护公平开放透明的市场规则。加强民营经济统计和监测分析，大力推进服务管理创新。充分发挥工商联和商会的优势作用，积极参与营商环境评价，主动配合有关部门开展依法甄别纠正侵害民营企业产权错案冤案、防范和处置拖欠民营企业账款等工作。

六、建立健全政企沟通协商制度

推动构建亲清政商关系，是民营经济统战工作的重要任务。依托统一战线开展政企沟通协商，是构建亲清政商关系的关键之举。

（十九）规范沟通协商内容。包括经济形势和民营经济发展状况分析研判，经济社会发展和产业发展规划、年度经济工作部署、重要改革举措和涉企政策，重要涉企法律法规制定和修改，优化营商环境、构建亲清政商关系情况，民营企业发展面临的普遍性问题，重点骨干民营企业风险防范和危机处置等。

（二十）创新沟通协商形式。各级党委和政府及有关部门就协商事项事先听取民营企业和行业协会商会代表意见建议。各级党委和政府主要负责同志通过与民营企业和行业协会商会代表座谈恳谈等方式，沟通有关情况，聚焦发展难题，共商解决办法，并建立健全沟通成果督办和反馈机制。建立民营经济代表人士专题调研制度，每年开展重点考察调研，党政领导和有关部门要认真听取调研提出的意见建议。民营经济占比较大的地方，党委和政府召开经济工作会议和涉及民营经济发展的会议，人大制定修改相关地方性法规，可邀请民营企业和行业协会商会代表参加。有关部门制定行业标准和规范，一般应委托行业协会商会提出意见。

（二十一）加强对商会和民营企业的联系服务。建立党政领导干部联系商会制度，以行业类、专业类商会和乡镇、街道商会为重点，畅通商会向党委和政府反映情况、提出建议的渠道。规范党政领导干部与民营经济人士联系交往，制定正面和负面清单，激励干部主动作为、靠前服务，督促干部守住交往底线、防范廉政风险，做到"亲"而有度、"清"而有为。统战部门、工商联要积极主动深入民营企业，及时反映并帮助解决困难和问题。

（二十二）完善民营企业诉求反映和权益维护机制。引导民营经济人士依法理性反映诉求、维护权益。依法维护企业正常经营秩序，尊重和保护企业家合法人身和财产权益。健全调解、仲裁、诉讼等多元化纠纷解决机制，及时有效化解民营企业民商事纠纷。

七、切实发挥工商联和商会作用

工商联及所属商会是民营经济统战工作的重要组织依托。要深入推进工商联改革和建设，培育和发展中国特色商会组织，推动统战工作向商会组织有效覆盖。

（二十三）推进工商联改革发展。围绕促进"两个健康"工作主题，坚持政治建会、团结立会、服务兴会、改革强会，积极探索彰显统战性、经济性、民间性有机统一优势的组织体制、运行机制和活动方式，不断增强工商联的凝聚力、执行力、影响力。充分发挥工商联在民营经济人士思想政治建设中的引导作用，在民营经济人士有序政治参与中的主渠道作用，在民营企业改革发展中的服务作用，在保障和改善民生、创新社会治理中的协同作用，在依法平等保护产权方面的民主监督作用，努力把工商联建成"民营经济人士之家"。积极探索更好发挥工商联作为民间商会（总商会）功能的有效形式。创新服务、培训和维权平台载体，加快推进"网上工商联"建设，进一步提升工作整体效能。

（二十四）推动统战工作向商会组织有效覆盖。加强工商联所属商会党建工作，探索完善工商联党组织领导和管理所属商会党建工作的有效机制。探索在工商联所属商会党组织中建立统战工作联络员制度。积极培育和发展工商联所属商会,使商会组织覆盖民营经济发展各个行业和领域。鼓励引导民营企业加入商会,商会发展会员不得设立资产规模等门槛。对以民营企业和民营经济人士为主体的行业协会商会,工商联要加强联系、指导和服务。将适宜由商会提供的公共服务职能转移或委托给商会承担。通过政府购买服务等方式,支持帮助商会更好承接公共服务、参与社会服务。鼓励有条件的地方出台地方性法规或政府规章,规范和促进行业协会商会发展。加快推进工商联所属商会依法登记注册。

(二十五)引导民营企业家相关组织规范有序发展。按照摸清情况、主动联系、依法监管、积极引导的工作方针,做好民营企业家相关组织工作。未经社团登记注册的企业家相关组织不得从事社团活动,对经市场监管部门登记但主要开展社团活动的企业家相关组织进行清理整顿,对其中符合条件的依法进行社会组织登记管理。加强对企业家相关组织举办论坛、研讨、讲堂、沙龙等活动的引导和管理。

八、加强党对民营经济统战工作的领导

民营经济统战工作是全党的重要工作。要把加强民营经济统战工作摆上重要议事日程,在党委统一领导下,形成各方面既明确分工又高效协同的民营经济统战工作格局。

(二十六)完善领导体制机制。各级党委要依托统一战线工作领导小组,建立完善民营经济统战工作协调机制,定期研究部署、统筹推进民营经济统战工作。要充分发挥党委统战部门在民营经济统战工作中的牵头协调作用,发挥工商

联的桥梁纽带和助手作用。

（二十七）强化组织保障。充实民营经济统战工作力量，按照既精通统战工作又熟悉经济工作的要求，选好配强统战部相关业务部门和工商联机关干部。工作任务重的市、县党委统战部门要统筹现有资源，充实工作力量，保障工作开展。

（二十八）加强能力建设。加强教育培训，注重实践锻炼，全面提升民营经济统战干部队伍整体素质，进一步增强从全局把握问题能力、应对风险挑战能力、沟通协调能力、开拓创新能力，为做好新时代民营经济统战工作提供有力支撑。

中共中央、国务院关于促进民营经济发展壮大的意见

（2023年7月14日）

民营经济是推进中国式现代化的生力军，是高质量发展的重要基础，是推动我国全面建成社会主义现代化强国、实现第二个百年奋斗目标的重要力量。为促进民营经济发展壮大，现提出如下意见。

一、总体要求

以习近平新时代中国特色社会主义思想为指导，深入贯彻党的二十大精神，坚持稳中求进工作总基调，完整、准确、全面贯彻新发展理念，加快构建新发展格局，着力推动高质量发展，坚持社会主义市场经济改革方向，坚持"两个毫不动摇"，加快营造市场化、法治化、国际化一流营商环境，优化民营经济发展环境，依法保护民营企业产权和企业家权益，全面构建亲清政商关系，使各种所有制经济依法平等使用生产要素、公平参与市场竞争、同等受到法律保护，引导民营企业通过自身改革发展、合规经营、转型升级不断提升

发展质量，促进民营经济做大做优做强，在全面建设社会主义现代化国家新征程中作出积极贡献，在中华民族伟大复兴历史进程中肩负起更大使命、承担起更重责任、发挥出更大作用。

二、持续优化民营经济发展环境

构建高水平社会主义市场经济体制，持续优化稳定公平透明可预期的发展环境，充分激发民营经济生机活力。

（一）持续破除市场准入壁垒。各地区各部门不得以备案、注册、年检、认定、认证、指定、要求设立分公司等形式设定或变相设定准入障碍。清理规范行政审批、许可、备案等政务服务事项的前置条件和审批标准，不得将政务服务事项转为中介服务事项，没有法律法规依据不得在政务服务前要求企业自行检测、检验、认证、鉴定、公证或提供证明等。稳步开展市场准入效能评估，建立市场准入壁垒投诉和处理回应机制，完善典型案例归集和通报制度。

（二）全面落实公平竞争政策制度。强化竞争政策基础地位，健全公平竞争制度框架和政策实施机制，坚持对各类所有制企业一视同仁、平等对待。强化制止滥用行政权力排除限制竞争的反垄断执法。未经公平竞争不得授予经营者特许经营权，不得限定经营、购买、使用特定经营者提供的商品和服务。定期推出市场干预行为负面清单，及时清理废除含有地方保护、市场分割、指定交易等妨碍统一市场和公平竞争的政策。优化完善产业政策实施方式，建立涉企优惠政策目录清单并及时向社会公开。

（三）完善社会信用激励约束机制。完善信用信息记录和共享体系，全面推广信用承诺制度，将承诺和履约信息纳入信用记录。发挥信用激励机制作用，提升信用良好企业获得感。完善信用约束机制，依法依规按照失信惩戒措施清单对责任主体实施惩戒。健全失信行为纠正后的信用修复机制，研究出台相关管理办法。完善政府诚信履约机制，建立健全政务失信记录和惩戒制度，将机关、事业单位的违约毁约、拖欠账款、拒不履行司法裁判等失信信息纳入全国信用信息共享平台。

（四）完善市场化重整机制。鼓励民营企业盘活存量资产回收资金。坚持精准识别、分类施策，对陷入财务困境但仍具有发展前景和挽救价值的企业，按照市场化、法治化原则，积极适用破产重整、破产和解程序。推动修订企业破产法并完善配套制度。优化个体工商户转企业相关政策，降低转换成本。

三、加大对民营经济政策支持力度

精准制定实施各类支持政策，完善政策执行方式，加强政策协调性，及时回应关切和利益诉求，切实解决实际困难。

（五）完善融资支持政策制度。健全银行、保险、担保、券商等多方共同参与的融资风险市场化分担机制。健全中小微企业和个体工商户信用评级和评价体系，加强涉企信用信息归集，推广"信易贷"等服务模式。支持符合条件的民营中小微企业在债券市场融资，鼓励符合条件的民营企业发行科技创新公司债券，推动民营企业债券融资专项支持计划扩大覆盖面、提升增信力度。支持符合条件的民营企业上市融资和再融资。

（六）完善拖欠账款常态化预防和清理机制。严格执行《保障中小企业款项支付条例》，健全防范化解拖欠中小企业账款长效机制，依法依规加大对责任人的问责处罚力度。机关、事业单位和大型企业不得以内部人员变更、履行内部付款流程，或在合同未作约定情况下以等待竣工验收批复、决算审计等为由，拒绝或延迟支付中小企业和个体工商户款项。建立拖欠账款定期披露、劝告指导、主动执法制度。强化商业汇票信息披露，完善票据市场信用约束机制。完善拖欠账款投诉处理和信用监督机制，加强对恶意拖欠账款案例的曝光。完善拖欠账款清理与审计、督查、巡视等制度的常态化对接机制。

（七）强化人才和用工需求保障。畅通人才向民营企业流动渠道，健全人事管理、档案管理、社会保障等接续的政策机制。完善民营企业职称评审办法，畅通民营企业职称评审渠道，完善以市场评价为导向的职称评审标准。搭建民营企业、个体工商户用工和劳动者求职信息对接平台。大力推进校企合作、产教融合。推进民营经济产业工人队伍建设，优化职业发展环境。加强灵活就业和新就业形态劳动者权益保障，发挥平台企业在扩大就业方面的作用。

（八）完善支持政策直达快享机制。充分发挥财政资金直达机制作用，推动涉企资金直达快享。加大涉企补贴资金公开力度，接受社会监督。针对民营中小微企业和个体工商户建立支持政策"免申即享"机制，推广告知承诺制，有关部门能够通过公共数据平台提取的材料，不再要求重复提供。

（九）强化政策沟通和预期引导。依法依规履行涉企政策调整程序，根据实际设置合理过渡期。加强直接面向民营企业和个体工商户的政策发布和解读引导。支持各级政府部门邀请优秀企业家开展咨询，在涉企政策、规划、标准的制定和评估等方面充分发挥企业家作用。

四、强化民营经济发展法治保障

健全对各类所有制经济平等保护的法治环境，为民营经济发展营造良好稳定的预期。

（十）依法保护民营企业产权和企业家权益。防止和纠正利用行政或刑事手段干预经济纠纷，以及执法司法中的地方保护主义。进一步规范涉产权强制性措施，避免超权限、超范围、超数额、超时限查封扣押冻结财产。对不宜查封扣押冻结的经营性涉案财物，在保证侦查活动正常进行的同时，可以允许有关当事人继续合理使用，并采取必要的保值保管措施，最大限度减少侦查办案对正常办公和合法生产经营的影响。完善涉企案件申诉、再审等机制，健全冤错案件有效防范和常态化纠正机制。

（十一）构建民营企业源头防范和治理腐败的体制机制。出台司法解释，依法加大对民营企业工作人员职务侵占、挪用资金、受贿等腐败行为的惩处力度。健全涉案财物追缴处置机制。深化涉案企业合规改革，推动民营企业合规守法经营。强化民营企业腐败源头治理，引导民营企业建立严格的审计监督体系和财会制度。充分发挥民营企业党组织作用，推动企业加强法治教育，营造诚信廉洁的企业文化氛围。建立多元主体参与的民营企业腐败治理机制。推动建设法治民营企业、清廉民营企业。

（十二）持续完善知识产权保护体系。加大对民营中小微企业原始创新保护力度。严格落实知识产权侵权惩罚性赔偿、行为保全等制度。建立知识产权侵权和行政非诉执行快速处理机制，健全知识产权法院跨区域管辖制度。研究完善商业改进、文化创意等创新成果的知识产权保护办法，严厉打击侵犯商业秘密、仿冒混淆等不正当竞争行为和恶意抢注商标等违法行为。加大对侵犯知识产权违法犯罪行为的刑事打击力度。完善海外知识产权纠纷应对指导机制。

（十三）完善监管执法体系。加强监管标准化规范化建设，依法公开监管标准和规则，增强监管制度和政策的稳定性、可预期性。提高监管公平性、规范性、简约性，杜绝选择性执法和让企业"自证清白"式监管。鼓励跨行政区域按规定联合发布统一监管政策法规及标准规范，开展联动执法。按照教育与处罚相结合原则，推行告知、提醒、劝导等执法方式，对初次违法且危害后果轻微并及时改正的依法不予行政处罚。

（十四）健全涉企收费长效监管机制。持续完善政府定价的涉企收费清单制度，进行常态化公示，接受企业和社会监督。畅通涉企违规收费投诉举报渠道，建立规范的问题线索部门共享和转办机制，综合采取市场监管、行业监管、信用监管等手段实施联合惩戒，公开曝光违规收费典型案例。

五、着力推动民营经济实现高质量发展

引导民营企业践行新发展理念，深刻把握存在的不足和面临的挑战，转变发展方式、调整产业结构、转换增长动力，坚守主业、做强实业，自觉走高质量发展之路。

（十五）引导完善治理结构和管理制度。支持引导民营企业完善法人治理结构、规范股东行为、强化内部监督，实现治理规范、有效制衡、合规经营，鼓励有条件的民营企业建立完善中国特色现代企业制度。依法推动实现企业法人财产与出资人个人或家族财产分离，明晰企业产权结构。研究构建风险评估体系和提示机制，对严重影响企业运营并可能引发社会稳定风险的情形提前预警。支持民营企业加强风险防范管理，引导建立覆盖企业战略、规划、投融资、市场运营等各领域的全面风险管理体系，提升质量管理意识和能力。

（十六）支持提升科技创新能力。鼓励民营企业根据国家战略需要和行业发展趋势，持续加大研发投入，开展关键核心技术攻关，按规定积极承担国家重大科技项目。培育一批关键行业民营科技领军企业、专精特新中小企业和创新能力强的中小企业特色产业集群。加大政府采购创新产品力度，发挥首台（套）保险补偿机制作用，支持民营企业创新产品迭代应用。推动不同所有制企业、大中小企业融通创新，开展共性技术联合攻关。完善高等学校、科研院所管理制度和成果转化机制，调动其支持民营中小微企业创新发展积极性，支持民营企业与科研机构合作建立技术研发中心、产业研院、中试熟化基地、工程研究中心、制造业创新中心等创新平台。支持民营企业加强基础性前沿性研究和成果转化。

（十七）加快推动数字化转型和技术改造。鼓励民营企业开展数字化共性技术研发，参与数据中心、工业互联网等新型基础设施投资建设和应用创新。支持中小企业数字化转型，推动低成本、模块化智能制造设备和系统的推广应用。引导民营企业积极推进标准化建设，提升产品质量水平。支持民营企业加大生产工艺、设备、技术的绿色低碳改造力度，加快发展柔性制造，提升应急扩产转产能力，提升产业链韧性。

（十八）鼓励提高国际竞争力。支持民营企业立足自身实际，积极向核心零部件和高端制成品设计研发等方向延伸；加强品牌建设，提升"中国制造"美誉度。鼓励民营企业拓展海外业务，积极参与共建"一带一路"，有序参与境外项目，在走出去中遵守当地法律法规、履行社会责任。更好指导支持民营企业防范应对贸易保护主义、单边主义、"长臂管辖"等外部挑战。强化部门协同配合，针对民营经济人士海外人身和财产安全，建立防范化解风险协作机制。

（十九）支持参与国家重大战略。鼓励民营企业自主自愿通过扩大吸纳就业、完善工资分配制度等，提升员工享受企业发展成果的水平。支持民营企业到中西部和东北地区投资发展劳动密集型制造业、装备制造业和生态产业，促进革命老区、民族地区加快发展，投入边疆地区建设推进兴边富民。支持民营企业参与推进碳达峰碳中和，提供减碳技术和服务，加大可再生能源发电和储能等领域投资力度，参与碳排放权、用能权交易。支持民营企业参与乡村振兴，推动新型农业经营主体和社会化服务组织发展现代种养业，高质量发展现代农产品加工业，因地制宜发展现代农业服务业，壮大休闲农业、乡村旅游业等特色产业，积极投身"万企兴万村"行动。支持民营企业参与全面加强基础设施建设，引导民营资本参与新型城镇化、交通水利等重大工程和补短板领域建设。

（二十）依法规范和引导民营资本健康发展。健全规范和引导民营资本健康发展的法律制度，为资本设立"红绿灯"，完善资本行为制度规则，集中推出一批"绿灯"投资案例。全面提升资本治理效能，提高资本监管能力和监管体系现代化水平。引导平台经济向开放、创新、赋能方向发展，补齐发展短板弱项，支持平台企业在创造就业、拓展消费、国际竞争中大显身手，推动平台经济规范健康持续发展。鼓励民营企业集中精力做强做优主业，提升核心竞争力。

六、促进民营经济人士健康成长

全面贯彻信任、团结、服务、引导、教育的方针，用务实举措稳定人心、鼓舞人心、凝聚人心，引导民营经济人士弘扬企业家精神。

（二十一）健全民营经济人士思想政治建设机制。积极稳妥做好在民营经济代表人士先进分子中发展党员工作。深入开展理想信念教育和社会主义核心价值观教育。教育引导民营经济人士中的党员坚定理想信念，发挥先锋模范作用，坚决执行党的理论和路线方针政策。积极探索创新民营经济领域党建工作方式。

（二十二）培育和弘扬企业家精神。引导民营企业家增强爱国情怀、勇于创新、诚信守法、承担社会责任、拓展国际视野，敢闯敢干，不断激发创新活力和创造潜能。发挥优秀企业家示范带动作用，按规定加大评选表彰力度，在民营经济中大力培育企业家精神，及时总结推广富有中国特色、顺应时代潮流的企业家成长经验。

（二十三）加强民营经济代表人士队伍建设。优化民营经济代表人士队伍结构，健全选人机制，兼顾不同地区、行业和规模企业，适当向战略性新兴产业、高技术产业、先进制造业、现代服务业、现代农业等领域倾斜。规范政治安排，完善相关综合评价体系，稳妥做好推荐优秀民营经济人士作为各级人大代表候选人、政协委员人选工作，发挥工商联在民营经济人士有序政治参与中的主渠道作用。支持民营经济代表人士在国际经济活动和经济组织中发挥更大作用。

（二十四）完善民营经济人士教育培训体系。完善民营经济人士专题培训和学习研讨机制，进一步加大教育培训力度。完善民营中小微企业培训制度，构建多领域多层次、线上线下相结合的培训体系。加强对民营经济人士的梯次培养，建立健全年轻一代民营经济人士传帮带辅导制度，推动事业新老交接和有序传承。

（二十五）全面构建亲清政商关系。把构建亲清政商关系落到实处，党政干部和民营企业家要双向建立亲清统一的新型政商关系。各级领导干部要坦荡真诚同民营企业家接触交往，主动作为、靠前服务，依法依规为民营企业和民营企业家解难题、办实事，守住交往底线，防范廉政风险，做到亲而有度、清而有为。民营企业家要积极主动与各级党委和政府及部门沟通交流，讲真话、说实情、建诤言，洁身自好走正道，遵纪守法办企业，光明正大搞经营。

七、持续营造关心促进民营经济发展壮大社会氛围

引导和支持民营经济履行社会责任，展现良好形象，更好与舆论互动，营造正确认识、充分尊重、积极关心民营经济的良好社会氛围。

（二十六）引导全社会客观正确全面认识民营经济和民营经济人士。加强理论研究和宣传，坚持实事求是、客观公正，把握好正确舆论导向，引导社会正确认识民营经济的重大贡献和重要作用，正确看待民营经济人士通过合法合规经营获得的财富。坚决抵制、及时批驳澄清质疑社会主义基本经济制度、否定和弱化民营经济的错误言论与做法，及时回应关切、打消顾虑。

（二十七）培育尊重民营经济创新创业的舆论环境。加强对优秀企业家先进事迹、加快建设世界一流企业的宣传报道，凝聚崇尚创新创业正能量，增强企业家的荣誉感和社会价值感。营造鼓励创新、宽容失败的舆论环境和时代氛围，对民营经济人士合法经营中出现的失误失败给予理解、宽容、帮助。建立部门协作机制，依法严厉打击以负面舆情为要挟进行勒索等行为，健全相关举报机制，降低企业维权成本。

（二十八）支持民营企业更好履行社会责任。教育引导民营企业自觉担负促进共同富裕的社会责任，在企业内部积极构建和谐劳动关系，推动构建全体员工利益共同体，让企业发展成果更公平惠及全体员工。鼓励引导民营经济人士做发展的实干家和新时代的奉献者，在更高层次上实现个人价值，向全社会展现遵纪守法、遵守社会公德的良好形象，做到富而有责、富而有义、富而有爱。探索建立民营企业社会责任评价体系和激励机制，引导民营企业踊跃投身光彩事业和公益慈善事业，参与应急救灾，支持国防建设。

八、加强组织实施

（二十九）坚持和加强党的领导。坚持党中央对民营经济工作的集中统一领导，把党的领导落实到工作全过程各方面。坚持正确政治方向，建立完善民营经济和民营企业发展工作机制，明确和压实部门责任，加强协同配合，强化央地联动。支持工商联围绕促进民营经济健康发展和民营经济人士健康成长更好发挥作用。

（三十）完善落实激励约束机制。强化已出台政策的督促落实，重点推动促进民营经济发展壮大、产权保护、弘扬企业家精神等政策落实落细，完善评估督导体系。建立健全民营经济投诉维权平台，完善投诉举报保密制度、处理程序和督办考核机制。

（三十一）及时做好总结评估。在与宏观政策取向一致性评估中对涉民营经济政策开展专项评估审查。完善中国营商环境评价体系，健全政策实施效果第三方评价机制。加强民营经济统计监测评估,必要时可研究编制统一规范的民营经济发展指数。不断创新和发展"晋江经验",及时总结推广各地好经验好做法,对行之有效的经验做法以适当形式予以固化。

最高人民法院关于优化法治环境促进民营经济发展壮大的指导意见

(2023年9月25日 法发〔2023〕15号)

为深入贯彻落实《中共中央、国务院关于促进民营经济发展壮大的意见》，充分发挥人民法院职能作用，全面强化民营经济发展法治保障，持续优化民营经济发展法治环境，结合人民法院审判执行工作实际，提出如下意见。

一、总体要求

坚持以习近平新时代中国特色社会主义思想为指导，深入学习贯彻习近平法治思想，坚决贯彻落实党中央决策部署，坚持"两个毫不动摇"，围绕加快营造市场化、法治化、国际化一流营商环境，找准把握法治保障民营经济发展壮大的结合点和着力点，以高质量审判服务高质量发展。坚持全面贯彻依法平等保护原则，加强对各种所有制经济的平等保护，将确保各类市场主体享有平等的诉讼地位、诉讼权利贯彻到立案、审判、执行全过程各方面，运用法治方式促进民营经济做大做优做强。坚持能动司法理念，围绕"公正与效率"

工作主题，依法稳慎审理涉民营企业案件，强化促进民营经济发展壮大的司法政策措施供给，在持续优化民营经济发展法治环境中做实为大局服务、为人民司法。

二、依法保护民营企业产权和企业家合法权益

1. 加强对民营企业产权和企业家合法财产权的保护。依法认定财产权属，加强对民营经济主体的物权、债权、股权、知识产权等合法财产权益的保护。研究制订司法解释，依法加大对民营企业工作人员职务侵占、挪用资金、行贿受贿、背信等腐败行为的惩处力度，加大追赃挽损力度。强化涉企产权案件申诉、再审工作，健全冤错案件有效防范和依法甄别纠正机制。民营企业和企业家因国家机关及其工作人员行使职权侵害其合法权益，依据国家赔偿法申请国家赔偿的，人民法院依法予以支持。

2. 依法保障民营企业和企业家人格权。加强对民营企业名誉权和企业家人身自由、人格尊严以及个人信息、隐私权等人格权益的司法保护，充分发挥人格权侵害禁令制度功能，及时制止侵害人格权的违法行为。依法惩治故意误导公众、刻意吸引眼球的极端言论行为，推动营造有利于民营经济发展的舆论环境、法治环境。对利用互联网、自媒体、出版物等传播渠道，以侮辱、诽谤或者其他方式对民营企业和企业家进行诋毁、贬损和丑化等侵犯名誉权行为，应当依法判令侵权行为人承担相应的民事责任；因名誉权受到侵害致使企业生产、经营、销售等遭受实际损失的，应当依法判令行为人承担赔偿责任；因编造、传播虚假信息或者误导性信息扰乱企业发行的股票、债券市场交易秩序，给投资者造成损失的，应当依法判令行为人承担赔偿责任。构成犯罪的，依法追究刑事责任。

3. 严格区分经济纠纷与违法犯罪。严格落实罪刑法定、疑罪从无等刑法原则，全面贯彻宽严相济刑事政策，该严则严，当宽则宽。依法认定民营企业正当融资与非法集资、合同纠纷与合同诈骗、参与兼并重组与恶意侵占国有资产等罪与非罪的界限，严格区分经济纠纷、行政违法与刑事犯罪，坚决防止和纠正利用行政或者刑事手段干预经济纠纷，坚决防止和纠正地方保护主义，坚决防止和纠正把经济纠纷认定为刑事犯罪、把民事责任认定为刑事责任。

严格规范采取刑事强制措施的法律程序，切实保障民营企业家的诉讼权利。对被告人采取限制或剥夺人身自由的强制措施时，应当综合考虑被诉犯罪事实、被告人主观恶性、悔罪表现等情况、可能判处的刑罚和有无再危害社会的危险等因素；措施不当的，人民法院应当依法及时撤销或者变更。对涉案财产采取强制措施时，应当加强财产甄别，严格区分违法所得与合法财产、涉案人员个人财产与家庭成员财产等，对与案件无关的财物，应当依法及时解除；对于经营性涉案财物，在保证案件审理的情况下，一般应当允许有关当事人继续合理使用，最大限度减少因案件办理对企业正常办公和生产经营的影响；对于依法不应交由涉案企业保管使用的财物，查封扣押部门要采取合理的保管保值措施，防止财产价值贬损。

4. 健全涉案财物追缴处置机制。对于被告人的合法财产以及与犯罪活动无关的财产及其孳息，符合返还条件的，应当及时返还。涉案财物已被用于清偿合法债务、转让或者设置其他权利负担，善意案外人通过正常的市场交易、支付了合理对价，并实际取得相应权利的，不得追缴或者没收。对于通过违法犯罪活动聚敛、获取的财产形成的投资权益，应当对该投资权益依法进行处置，不得直接追缴投入的财产。

进一步畅通权益救济渠道，被告人或案外人对查封、扣押、冻结的财物及其孳息提出权属异议的，人民法院应当听取意见，必要时可以通知案外人出庭。被告人或案外人以生效裁判侵害其合法财产权益或对是否属于赃款赃物认定错误为由提出申诉的，人民法院应当及时受理审查，确有错误的，应予纠正。

三、维护统一公平诚信的市场竞争环境

5. 依法保障市场准入的统一。依法审理涉及要素配置和市场准入的各类纠纷案件，按照"非禁即入"原则依法认定合同效力，加强市场准入负面清单、涉企优惠政策目录清单等行政规范性文件的附带审查，破除区域壁垒和地方保护，遏制滥用行政权力排除、限制竞争行为，促进市场主体、要素资源、规则秩序的平等统一。

6. 依法打击垄断和不正当竞争行为。完善竞争案件裁判规则，研究出台反垄断民事诉讼司法解释。依法严惩强制"二选一"、大数据杀熟、低价倾销、强制搭售等破坏公平竞

争、扰乱市场秩序行为，引导平台经济向开放、创新、赋能方向发展。依法审理虚假宣传、商业诋毁等不正当竞争纠纷案件，保障和促进民营企业品牌建设。强化商业秘密司法保护，处理好保护商业秘密与自由择业、竞业限制和人才合理流动的关系，在依法保护商业秘密的同时，维护就业创业合法权益。

7. 保护民营企业创新创造。完善算法、商业方法、文化创意等知识产权司法保护规则，促进新经济新业态健康发展。加强民营企业科研人员和科创成果司法保护，依法保护民营企业及其科研人员合法权益，激发原始创新活力和创造潜能。依法运用行为保全等临时措施，积极适用举证妨碍排除规则，保障民营企业和企业家依法维权。依法严惩侵犯知识产权犯罪，正确把握民事纠纷和刑事犯罪界限，对于当事人存有一定合作基础、主观恶性不大的案件，依法稳慎确定案件性质。

8. 加大知识产权保护力度。持续严厉打击商标攀附、仿冒搭车等恶意囤积和恶意抢注行为，依法保护民营企业的品牌利益和市场形象。当事人违反诚信原则，恶意取得、行使权利并主张他人侵权的，依法判决驳回其诉讼请求。被告举证证明原告滥用权利起诉损害其合法权益，请求原告赔偿合理诉讼开支的，依法予以支持。严格落实知识产权侵权惩罚性赔偿制度，坚持侵权代价与其主观恶性和行为危害性相适应，对以侵权为业、获利巨大、危害国家安全、公共利益或者人身健康等情节严重的故意侵权，依法加大赔偿力度。推动知识产权法院审理知识产权刑事案件。推动优化调整知识产权法院管辖案件类型,完善知识产权案件繁简分流机制。

9. 依法遏制恶意"维权"行为。既要依法保护消费者维权行为,发挥公众和舆论监督作用,助力提升食品药品安全治理水平,又要完善对恶意中伤生产经营者、扰乱正常市场秩序行为的认定和惩处制度。对当事人一方通过私藏食品、私放过期食品、伪造或者抹去标签内容等方式恶意制造企业违法生产经营食品、药品虚假事实,恶意举报、恶意索赔,敲诈勒索等构成违法犯罪的,依法予以严惩。

10. 依法严厉惩治虚假诉讼。充分利用信息技术手段,加强对虚假诉讼的甄别、审查和惩治,依法打击通过虚假诉讼逃废债、侵害民营企业和企业家合法权益的行为。当事人一方恶意利用诉讼打击竞争企业,破坏企业和企业家商誉信誉,谋取不正当利益的,依法驳回其诉讼请求;对方反诉请求损害赔偿的,依法予以支持。依法加大虚假诉讼的违法犯罪成本,对虚假诉讼的参与人,依法采取罚款、拘留等民事强制措施,构成犯罪的,依法追究刑事责任。

11. 弘扬诚实守信经营的法治文化。依法审理因"新官不理旧账"等违法失信行为引发的合同纠纷,政府机关、国有企业、事业单位因负责人、承办人变动拒绝履行生效合同义务的,应当依法判令其承担相应的违约责任,依法维护民营企业经营发展的诚信环境。综合运用债的保全制度、股东出资责任、法人人格否认以及破产撤销权等相关制度,依法惩治逃废债务行为。充分发挥司法裁判评价、指引、示范、教育功能作用,加大法治宣传力度,通过发布典型案例等方式促进提高企业家依法维权意识和能力,积极引导企业家在经营活动中遵纪守法、诚实守信、公平竞争,积极履行社会责任,大力培育和弘扬企业家精神。

12. 支持民营企业市场化重整。坚持市场化、法治化原则,完善企业重整识别机制,依托"府院联动",依法拯救陷入财务困境但有挽救价值的民营企业。引导民营企业充分利用破产重整、和解程序中的中止执行、停止计息、集中管辖等制度功能,及时保全企业财产、阻止债务膨胀,通过公平清理债务获得重生。推进破产配套制度完善,提升市场化重整效益。

13. 营造鼓励创业、宽容失败的创业氛围。不断完善保护和鼓励返乡创业的司法政策,为民营企业在全面推进乡村振兴中大显身手创造良好法治环境。采取发布典型案例、以案说法等方式引导社会公众对破产现象的正确认知,积极营造鼓励创业、宽容失败的创业氛围。完善民营企业市场退出机制,便利产能落后、经营困难、资不抵债的民营企业依法有序退出市场,助力市场要素资源的重新配置。积极推动建立专门的小微企业破产程序和个人债务集中清理制度,探索在破产程序中一体解决企业家为企业债务提供担保问题,有效化解民营企业债务链条,助力"诚实而不幸"的民营企业家东山再起,重新创业。

14. 推动健全监管执法体系。监督支持行政机关强化统一市场监管执法,依法审理市场监管领域政府信息公开案件,修改完善办理政府信息公开案件司法解释,促进行政机关严格依照法定权限和程序公开市场监管规则。依法审理涉市场监管自由裁量、授权委托监管执法、跨行政区域联合执法等行政纠纷案件,监督行政机关遵守妥当性、适当性和比例原则合理行政,以过罚相当的监管措施落实教育与处罚相结合原则。加强与检察机关协作,通过审理行政公益诉讼案件、提出司法建议等方式,共同推动市场监管部门健全权责清晰、分工明确、运行顺畅的监管体系。

四、运用法治方式促进民营企业发展和治理

15. 助力拓宽民营企业融资渠道降低融资成本。依法推动供应链金融健康发展,有效拓宽中小微民营企业融资渠道。对中小微民营企业结合自身财产特点设定的融资担保措施持更加包容的司法态度,依法认定生产设备等动产担保以及所有权保留、融资租赁、保理等非典型担保合同效力和物权效力;对符合法律规定的仓单、提单、汇票、应收账款、知识产权、新类型生态资源权益等权利质押以及保兑仓交易,依法认定其有效。严格落实民法典关于禁止高利放贷的规定,降低民营企业的融资成本,依法规制民间借贷市场"砍头息"、"高息转本"等乱象,金融机构和地方金融组织向企业收取的利息和费用违反监管政策的,诉讼中依法不予支持。

16. 依法保障民营企业人才和用工需求。妥善审理民营企业劳动争议案件,既要鼓励人才的合理流动,也要维护民营企业的正常科研和生产秩序,依法确认民营企业为吸引人才在劳动合同中约定股权激励、年薪制等条款的法律效力。依法规范劳动者解除劳动合同的行为,加大调解力度,引导民营企业与劳动者协商共事、机制共建、效益共创、利益共享，构建和谐劳动关系。

依法保障灵活就业和新就业形态劳动者权益，依法支持劳动者依托互联网平台就业，支持用人单位依法依规灵活用工，实现平台经济良性发展与劳动者权益保护互促共进。畅通仲裁诉讼衔接程序，完善多元解纷机制，依法为新就业形态劳动者提供更加便捷、优质高效的解纷服务。

17. 推动完善民营企业治理结构。严守法人财产独立原则，规范股东行为，依法追究控股股东、实际控制人实施关联交易"掏空"企业、非经营性占用企业资金、违规担保向企业转嫁风险等滥用支配地位行为的法律责任，依法维护股东与公司之间财产相互独立、责任相互分离、产权结构明晰的现代企业产权结构。对股东之间的纠纷，在尊重公司自治的同时，积极以司法手段矫正公司治理僵局，防止内部治理失序拖垮企业生产经营，损害股东和社会利益。

以法治手段破解"代理成本"问题，依法追究民营企业董事、监事、高管违规关联交易、谋取公司商业机会、开展同业竞争等违背忠实义务行为的法律责任，细化勤勉义务的司法认定标准，推动构建企业内部处分、民事赔偿和刑事惩治等多重责任并举的立体追责体系，提高"内部人控制"的违法犯罪成本，维护股东所有权与企业经营权分离的现代企业管理制度。

18. 促进民营企业绿色低碳发展。依法保护合同能源管理节能服务企业、温室气体排放报告技术服务机构等市场主体的合法权益，保障民营企业积极参与推进碳达峰碳中和目标任务。创新惠企纾困司法举措，兼顾当事人意思自治、产业政策和碳排放强度、碳排放总量双控要求，依法明晰交易主体权责，有效化解涉产能置换纠纷案件，助力民营企业有序开展节能降碳技术改造。

19. 助力民营企业积极参与共建"一带一路"。健全"一带一路"国际商事纠纷多元化解决机制，推动最高人民法院国际商事法庭高质量发展，充分发挥国际商事专家委员会作用，进一步深化诉讼、仲裁、调解相互衔接的"一站式"国际商事争端解决机制建设，打造国际商事争端解决优选地，为民营企业"走出去"提供强有力的司法保障。

五、持续提升司法审判保障质效

20. 强化能动司法履职。落实落细抓前端治未病、双赢多赢共赢、案结事了政通人和等司法理念，努力实现涉民营企业案件办理政治效果、社会效果、法律效果有机统一，同时坚持办理与治理并重，积极融入社会治理、市场治理、企业治理，切实增强司法保障民营经济发展壮大的主动性实效性。充分发挥司法定分止争作用，增强实质性化解涉民营企业矛盾纠纷的成效，坚决防止因"程序空转"而加重民营企业诉累。及时总结涉民营企业案件暴露出来的政策落实、行业监管、公司治理等问题，推动建立健全民营企业风险评估和预警机制，积极运用府院联动等机制，充分发挥司法建议作用，促进从源头上预防和解决问题，形成促进民营经济发展壮大的工作合力。充分运用审判质量管理指标体系及配套机制,强化对涉民营企业案件审理的管理调度,持续提升司法审判保障质效。

21. 公正高效办理民刑行交叉案件。不断完善人民法院内部工作机制,统一法律适用,妥善办理涉民营企业的民商事纠纷、行政违法和刑事犯罪交叉案件。积极推动建立和完善人民法院与公安机关、检察机关之间沟通协调机制,解决多头查封、重复查封、相互掣肘等问题,促进案件公正高效办理。

依法受理刑民交叉案件,健全刑事案件线索移送工作机制。如刑事案件与民事案件非"同一事实",民事案件与刑事案件应分别审理;民事案件无需以刑事案件裁判结果为依据的,不得以刑事案件正在侦查或者尚未审结为由拖延民事诉讼;如果民事案件必须以刑事案件的审理结果为依据,在中止诉讼期间,应当加强工作交流,共同推进案件审理进展,及时有效保护民营经济主体合法权益。

22. 完善拖欠账款常态化预防和清理机制。完善党委领导、多方协作、法院主办的执行工作协调联动机制,依法督促政府机关、事业单位、国有企业及时支付民营企业款项,大型企业及时支付中小微企业款项,及时化解民营企业之间相互拖欠账款问题。严厉打击失信被执行人通过多头开户、关联交易、变更法定代表人等方式规避执行的行为,确保企业及时收回账款。

将拖欠中小微企业账款案件纳入办理拖欠农民工工资案件的快立快审快执"绿色通道",确保农民工就业比较集中的中小微企业及时回笼账款，及时发放农民工工资。与相关部门协同治理，加大对机关、事业单位拖欠民营企业账款的清理力度，符合纳入失信被执行人名单情形的，依法予以纳入，并将失信信息纳入全国信用信息共享平台。加大平安建设中相关执行工作考评力度，促推执行工作更加有力、有效，及时兑现中小微企业胜诉权益。

23. 严禁超权限、超范围、超数额、超时限查封扣押冻结财产。严格规范财产保全、行为保全程序，依法审查保全申请的合法性和必要性，防止当事人恶意利用保全手段侵害企业正常生产经营。因错误实施保全措施致使当事人或者利害关系人、案外人等财产权利受到侵害的，应当依法及时解除或变更，依法支持当事人因保全措施不当提起的损害赔偿请求。

24. 强化善意文明执行。依法灵活采取查封措施，有效释放被查封财产使用价值和融资功能。在能够实现保全目的的情况下，人民法院应当选择对生产经营活动影响较小的方式。对不宜查封扣押冻结的经营性涉案财物，采取强制措施可能会延误企业生产经营、甚至造成企业停工的，应严格审查执行措施的合法性和必要性。被申请人提供担保请求解除保全措施，经审查认为担保充分有效的，应当裁定准许。

在依法保障胜诉债权人权益实现的同时，最大限度减少对被执行企业权益的影响，严格区分失信与丧失履行能力，对丧失履行能力的，只能采取限制消费措施，不得纳入失信名单。决定纳入失信名单或者采取限制消费措施的，可以给予其一至三个月宽限期，对于信用良好的，应当给予其宽限期，宽限期内暂不发布其失信或者限制消费信息。加快修订相关司法解释，建立健全失信被执行人分类分级惩戒制度及信用修复机制。

25. 高效率低成本实现企业合法权益。充分考虑中小微民营企业抗风险能力弱的特点，建立小额债权纠纷快速审理机制，切实提升案件审判效率。通过合理确定保全担保数额、引入保全责任险担保等方式，降低中小微民营企业诉讼保全成本。进一步规范审限管理，全面排查梳理违规延长审限、不当扣除审限的行为，切实防止因诉讼拖延影响民营企业生产经营。加强诉讼引导和释明，对当事人依法提出的调查收集、保全证据的申请，应当及时采取措施；对审理案件需要的证据，应当在充分发挥举证责任功能的基础上，依职权调查收集，切实查清案件事实，防止一些中小微民营企业在市场交易中的弱势地位转化为诉讼中的不利地位，实现实体公正与程序公正相统一。

26. 深化涉民营企业解纷机制建设。持续优化诉讼服务质效，为民营企业提供优质的网上立案、跨域立案、在线鉴定、在线保全等诉讼服务，切实为涉诉企业提供便利。尊重当事人的仲裁约定，依法认定仲裁协议效力，支持民营企业选择仲裁机制解决纠纷。完善仲裁司法审查制度，在统一、严格司法审查标准基础上，营造仲裁友好型的司法环境。坚持和发展新时代"枫桥经验"，坚持把非诉讼纠纷解决机制挺在前面，充分发挥多元解纷效能，加强与相关单位协作配合,依法支持引导相关主体构建协会内和平台内的纠纷解决机制,为民营企业提供低成本、多样化、集约式纠纷解决方式。深化与工商联的沟通联系机制,畅通工商联依法反映民营企业维权诉求渠道。保障商会调解培育培优行动,优化拓展民营企业维权渠道,不断提升民营经济矛盾纠纷多元化解能力水平。

六、加强组织实施

各级人民法院要把强化民营经济法治保障作为重大政治任务,加强组织领导和推进实施,及时研究解决工作落实中的新情况新问题。最高人民法院各审判业务部门要加强条线指导,各地法院要结合本地区经济社会发展实际,细化完善保障措施,确保务实管用见效。要强化对已出台司法政策措施的督促落实,及时听取社会各方面特别是工商联、民营企业家等意见建议,以问题为导向做好整改完善工作。要认真总结人民法院保障民营经济发展的好经验好做法,做好总结、宣传、推广,为民营经济发展壮大营造更加良好的舆论和法治氛围。

最高人民检察院关于依法惩治和预防民营企业内部人员侵害民营企业合法权益犯罪为民营经济发展营造良好法治环境的意见

（2023年7月26日　高检发办字〔2023〕100号）

为深入贯彻党的二十大精神，全面贯彻习近平经济思想、习近平法治思想，认真落实《中共中央国务院关于促进民营经济发展壮大的意见》，积极回应企业家关切，以高质效检察履职助力优化民营经济发展环境，依法保护民营企业产权和企业家权益，促进民营经济发展壮大，现就检察机关依法保护民营企业合法权益，惩治和预防侵害民营企业利益的民营企业内部人员犯罪，营造良好法治环境，提出如下意见。

一、基本要求

1. 深入贯彻党中央决策部署，把依法惩治和预防民营企业内部人员犯罪作为依法保护民营企业合法权益的重要内容。党的十八大以来，以习近平同志为核心的党中央高度重视民营经济健康发展、高质量发展，习近平总书记作出一系列重要指示批示，突出强调"两个毫不动摇""三个没有变""两个健康"。党的二十大报告明确要求："优化民营企业发展环境，依法保护民营企业产权和企业家权益，促进民营经济发展壮大。"民营企业内部人员，特别是民营企业高管、财务、采购、销售、技术等关键岗位人员犯罪，不仅严重损害民营企业合法权益，影响民营企业核心竞争力和创新发展，而且扰乱公平竞争市场秩序，破坏民营企业发展环境。各级检察机关要深入贯彻党中央决策部署，把平等对待、平等保护的要求落实到履职办案中，助力营造市场化、法治化、国际化营商环境。坚持标本兼治，既要依法惩治民营企业内部人员犯罪，又要在办案中依法保障企业正常生产经营活动，帮助民营企业去疴除弊、完善内部治理。

2. 依法惩治影响民营企业健康发展的民营企业内部人员犯罪。依法加大对民营企业内部人员实施的职务侵占、挪用资金、受贿等腐败行为的惩处力度。推动健全涉案财物追缴处置机制，为涉案民营企业挽回损失。结合办案，推动民营企业腐败源头治理。对民营企业内部人员利用职务便利，非法经营同类营业、为亲友非法牟利和徇私舞弊低价折股、出售企业资产等行为，要依法处理。严厉打击影响企业创新发展的民营企业关键技术岗位、管理岗位人员侵犯商业秘密、商标权、著作权等犯罪。办理上述案件过程中，发现行贿、对非国家工作人员行贿等犯罪线索的，要依法及时移送监察机关、公安机关。办理案件时，要防止以刑事手段插手经济纠纷,对因股权纠纷、债务纠纷等经济纠纷引发的案件,要准确把握罪与非罪的界限。

3. 坚持公正司法,全面准确贯彻宽严相济刑事政策。坚持严格依法办案、公正司法,综合考虑主观恶性、犯罪性质情节、认罪认罚情况、退赃退赔情况、与被害企业和解等因素,全面准确贯彻落实宽严相济刑事政策,做到依法该严则严、当宽则宽。对于主观恶性大、情节恶劣的犯罪嫌疑人、被告人,应当依法从严处理;对于认罪认罚、主观恶性不大、情节较轻的人员,依法从宽处理。

二、高质效履行检察职责,确保政治效果、法律效果、社会效果有机统一

4. 加强立案监督。结合民营企业内部人员犯罪案件特点,会同公安机关进一步明确职务侵占、挪用资金、侵犯商业秘密等常见犯罪立案标准,健全涉民营企业案件立案审查机制,防止应当立案而不立案。充分发挥侦查监督与协作配合机制作用,加强侵害民营企业利益的民营企业内部人员犯罪案件信息共享,对公安机关应当立案而不立案问题依法进行监督。检察机关接到报案、控告、举报或者在工作中发现监督线索,要依法及时开展调查核实工作;需要监督纠正的,依法向公安机关提出监督意见。对监督立案案件,注重跟踪问效,防止立而不查。探索利用大数据法律监督模型,破解"立案难"问题。

5. 准确把握审查逮捕标准。准确把握逮捕的证据条件、刑罚条件和社会危险性条件,对符合逮捕条件的依法批准逮捕，防止以起诉条件替代逮捕条件；对没有逮捕必要的，依法作出不批准逮捕决定。对关键技术岗位人员，要根据案情、结合企业生产经营需求依法判断是否有逮捕必要性。用好引导取证、退回补充侦查、自行侦查等措施，加强对民营企业内部人员犯罪案件证据收集的引导工作。对不符合逮捕条件但有补充侦查必要的，应当列明补充侦查提纲。对于犯罪嫌疑人在取保候审期间有实施毁灭、伪造证据，串供或者干扰证人作证，足以影响侦查、审查起诉工作正常进行的行为的，依法予以逮捕。

6. 准确把握起诉标准。坚持罪刑法定、罪责刑相适应和法律面前人人平等等原则，依照法律规定和法定程序准确适用起诉和不起诉。犯罪行为本身性质、社会危害与犯罪嫌疑人的主观恶性是决定诉与不诉的基本依据；认罪认罚、赔偿谅解、被害企业态度等是在确定行为性质与主观恶性后，案件处于可诉可不诉情形时，需要予以充分考量的因素。在查明案件事实、情节的基础上，结合案件具体情况和公共利益考量等因素，对起诉必要性进行审查。对于符合法定条件、没有起诉必要的，依法作出不起诉决定。

7. 加强追赃挽损工作。充分运用认罪认罚从宽制度，督促引导犯罪嫌疑人、被告人退赃退赔，积极帮助被害企业挽回损失。注重依法提出财产刑方面的量刑建议，加大对刑事裁判涉财产部分执行监督，不让犯罪嫌疑人、被告人从侵害民营企业利益案件中得到任何好处。

8. 加强行政执法与刑事司法的有效衔接。加强与市场监管部门、知识产权主管部门等行政执法机关的工作衔接，依法监督有关行政执法机关及时向公安机关移送在执法过程中发现的涉嫌非国家工作人员受贿、对非国家工作人员行贿、侵犯知识产权等犯罪线索。对于行政机关移送立案侦查的案件，加强立案监督。检察机关作出不起诉的案件，需要给予行政处罚的，依法向有关行政机关提出检察意见。

三、推动完善立法及司法解释，为民营经济健康发展提供更加有力的法治保障

9. 推动完善相关立法。结合案件办理，深入调研刑事立法、司法等方面存在的民营企业平等保护落实不到位的突出问题，积极提出立法建议，推动就依法惩治民营企业内部人员犯罪问题修改法律，在法律上体现平等保护的要求。

10. 及时出台相关司法解释。会同最高人民法院研究制定办理非国家工作人员受贿、职务侵占等刑事案件适用法律的司法解释，对司法实践中办理民营企业内部人员相关犯罪案件的法律适用、定罪量刑标准、法定从宽从严情形的认定、此罪与彼罪的界限以及宽严相济刑事政策的把握等问题予以明确，统一司法标准。

四、加强法治宣传，促进企业加强自身合规建设

11. 引导促进民营企业自主加强合规建设。针对民营企业内部人员犯罪案件中反映出的内部管理问题，通过制发检察建议等方式促进源头治理，帮助企业查缺补漏、建章立制、加强管理，推动建立现代企业制度。会同工商联等鼓励、引导民营企业自主加强合规建设，把廉洁经营作为合规建设重要内容，出台企业廉洁合规指引与建设标准，落实内部监督检查制度，对人财物和基建、采购、销售等重点部门、重点环节、重点人员实施财务审核、检查、审计，及时发现和预防违法犯罪问题，推动建设法治民营企业、清廉民营企业。

12. 创新开展犯罪预防工作。加强与各级工商联以及行业协会、商会等单位合作，根据不同类型民营企业内部人员犯罪的发案特点，有针对性加强犯罪预防工作。通过发布典型案例，举办"检察开放日"、常态化开展检察官巡讲、巡展等法治宣传教育，加大以案释法力度。通过公开送达法律文书、邀请参加典型案件庭审观摩等方式，引导民营企业内部人员增强法治意识、廉洁意识、底线意识。充分利用检察机关新媒体平台，持续宣传依法平等保护民营经济的理念、做法、成效，促进凝聚社会共识。

关于发挥商会调解优势推进民营经济领域纠纷多元化解机制建设的意见

(2019年1月14日最高人民法院、中华全国工商业联合会印发)

为深入贯彻落实习近平新时代中国特色社会主义思想,运用法治手段服务保障民营经济健康发展,构建共建共治共享的社会治理格局,根据中共中央办公厅、国务院办公厅《关于完善矛盾纠纷多元化解机制的意见》《关于促进工商联所属商会改革和发展的实施意见》和最高人民法院《关于人民法院进一步深化多元化纠纷解决机制改革的意见》,现就发挥商会调解优势,加强诉调对接工作,推进民营经济领域纠纷多元化解机制建设提出如下意见。

1. 充分认识推进民营经济领域纠纷多元化解机制建设的重要意义。深刻领会习近平总书记在民营企业座谈会上的重要讲话精神,充分发挥商会调解化解民营经济领域纠纷的制度优势。完善商会职能,提升商会服务能力,培育和发展中国特色商会调解组织；促进和引导民营企业依法经营、依法治企、依法维权，促进产权平等保护，激发和弘扬企业家精神；推动商人纠纷商会解，协同参与社会治理；优化司法资源配置，营造良好的法治营商环境，为民营经济健康发展提供司法保障。

2. 工作目标。加强商会调解组织和调解员队伍建设，健全完善商会调解制度和机制，为企业提供多元的纠纷解决渠道。进一步转变司法理念，发挥司法在商会纠纷化解中的引领、推动和保障作用，满足民营企业纠纷多元化解、快速化解和有效化解的实际需求，为民营企业创新创业营造良好法治环境。建立健全商会调解机制与诉讼程序有机衔接的纠纷化解体系，不断提升工商联法律服务能力，促进民营经济健康发展。

3. 明确商会调解范围。商会调解以民营企业的各类民商事纠纷为主，包括商会会员之间的纠纷，会员企业内部的纠纷，会员与生产经营关联方之间的纠纷，会员与其他单位或人员之间的纠纷，以及其他涉及适合商会调解的民商事纠纷。

4. 强化商会调解纠纷功能。工商联加强对所属商会的指导、引导和服务，支持商会依照法律法规及相关程序设立调解组织、规范运行，使调解成为化解民营经济领域矛盾纠纷的重要渠道。支持商会建立人民调解委员会，为企业提供基础性公益性纠纷解决服务。支持企业、商会建立劳动争议调解组织，及时化解劳动争议，维护劳动关系的和谐稳定。鼓励行业商会组织发挥自身优势，建立专业化的行业调解组织。

鼓励具备条件的商会设立商事调解组织，发挥商事调解组织化解专业纠纷的重要作用。商会设立的商事调解组织应当在省级工商联和全国工商联备案。

5. 主动预防化解矛盾纠纷。各级工商联及所属商会要加强法律服务平台（中心）建设，完善维权援助机制，鼓励有条件的企业设立法务部门、公司律师或聘请法律顾问，形成协调联动的法律服务力量。通过普法宣传、典型案例等形式，主动对企业、行业纠纷进行排查、监测和预警，加强矛盾纠纷源头治理。强化行业自律和行业治理，将诚实信用、公平竞争、和合共赢等理念纳入商会章程、企业合同条款，督促自觉履行生效裁决或调解协议。

6. 规范商会调解组织运行。商会调解组织由工商联或所属商会根据需要设立，应具有规范的组织形式、固定的办公场所及调解场地、专业的调解人员和健全的调解工作制度。商会调解组织应当吸纳符合条件的优秀企业家、商会人员、法律顾问、行业专家、律师、工会代表以及其他社会人士担任调解员。对外公布商会调解组织和调解员名册、调解程序以及调解规则。规范纠纷流程管理，完善调解与诉讼衔接程序，建立纠纷受理、调解、履行、回访以及档案管理、信息报送、考核评估等制度，注重保护当事人隐私和商业秘密，切实维护双方当事人权益，不断增强商会调解的规范性和公信力。全国工商联法律维权服务中心加强纠纷调解职能，推动横向联通、纵向联动，共同推动商会调解工作。

7. 完善诉调对接机制。人民法院吸纳符合条件的商会调解组织或者调解员加入特邀调解组织名册或者特邀调解员名册。名册实行动态更新和维护，并向当事人提供完整、准确的调解组织和调解员信息，供当事人选择。落实委派调解和委托调解机制，加强与商会调解组织对接工作，探索设立驻人民法院调解室。加强诉讼与非诉讼解决方式的有机衔接，引导当事人优先选择商会调解组织解决纠纷。

8. 强化司法保障作用。经调解达成的调解协议，具有法律约束力，当事人应当按照约定履行。能够即时履行的，调解组织应当督促当事人即时履行。当事人申请司法确认的，人民法院应当及时审查，依法确认调解协议的效力。人民法院在立案登记后委托商会调解组织进行调解达成协议的，当事人申请出具调解书或者撤回起诉的，人民法院应当依法审查并制作民事调解书或者裁定书。对调解不成的纠纷，依法导入诉讼程序，切实维护当事人的诉权。

9. 建立信息共享机制。人民法院与工商联建立联席会议机制，加强工作沟通交流。完善信息互通和数据共享，建立相关信息和纠纷处理的工作台账，通过挖掘分析数据，研判纠纷类型特点、规律和问题，为更好地推进商会调解、做好纠纷预防提供数据支撑。

10. 强化指导培训。完善商会调解员培训机制，制定调解员职业道德规范，通过调解培训、座谈研讨、观摩庭审、法律讲座等方式，不断提高调解员职业修养、法律素养、专业知识和调解技能；加强调解员队伍建设，推动建立调解员资格认定和考核评估机制，完善调解员管理。

11. 完善经费保障。积极争取党委政府支持，将调解经费作为法律服务内容列入财政预算，推动将商会调解作为社会管理性服务内容纳入政府购买服务指导性目录。拓宽商会调解经费来源，通过商会会费、社会捐赠资助或设立基金等方式，提高经费保障水平。落实特邀调解制度，通过"以案定补"等方式向参与委派委托调解的调解员发放补贴，对表现突出的商会调解组织、调解员给予奖励。

12. 探索创新发展。借助"网上工商联"建设，整合工商联及所属商会的调解资源，建立各类调解组织、调解员数据库、纠纷化解信息库，构建相互贯通、资源共享、安全可靠的矛盾纠纷化解信息系统。创新开展在线解决纠纷，完善在线调解程序。支持地方各级工商联及其所属商会参与"一带一路"国际商事争端预防与解决机制建设，为民营企业走出去提供服务和保障。

13. 加强宣传引导。各级人民法院、工商联及所属商会应当充分运用各种传媒手段，宣传调解优势，总结推广商会调解典型案例和先进经验，引导企业防范风险，理性维权。

14. 加强组织领导。各级人民法院和工商联要大力支持商会调解工作，将其作为保障民营经济健康发展的重要举措，作为构建社会矛盾纠纷多元化解格局的重要内容，结合当地实际，把握政策精神，抓好贯彻落实。各高级人民法院和省级工商联及所属商会要对辖区内商会调解组织的工作加强指导，建立完善联络沟通机制，工作中遇到的情况和问题，及时层报最高人民法院和全国工商联。

附录三

典型案例

案例一 重庆力帆实业(集团)股份有限公司及其十家全资子公司司法重整案①

【典型意义】

重庆市第五中级人民法院
(2020) 渝05破193号

力帆股份司法重整案,是国内首家汽摩行业上市公司司法重整案。通过司法重整,整体化解了企业危机,维护了6万余户中小投资者、5700余名职工的合法利益,保障了上下游产业链千余家企业的正常生产经营。重庆五中院在该案的司法重整中,充分发挥"府院"协调机制作用,创新采用"财务投资人+产业投资人"的模式引入战略投资人,形成了推动企业重生的双重"驱动力",即:一方面,通过国有平台公司和民营企业共同牵头设立投资基金引入社会资本参与企业重整,为企业

---

① 《人民法院助推民营经济高质量发展典型民商事案例》,载最高人民法院官网2021年9月3日,https://www.court.gov.cn/zixun/xiangqing/320231.html。

发展给予资金支持；另一方面，通过行业龙头企业导入新技术、新业态，将传统的汽车、摩托车制造业务升级为智能新能源汽车产业新生态。经过司法重整，助力力帆股份产业转型升级，推动了民营企业高质量发展。之后，上海证券交易所撤销了对力帆股份（601777）的退市风险警示及其他风险警示，"ST 力帆"现已更名为"力帆科技"，截至今年 8 月 27 日，总市值 280.35 亿元。力帆股份及十家子公司也都实现了扭亏为盈，全面实现了企业脱困重生。

案例二 ｜ 广西柳州正菱集团及 53 家关联企业合并重整案①

【典型意义】

正菱集团及 53 家关联企业司法重整案，是全国首例由高级法院受理的 54 名关联债务人实质合并重整案件。广西高院仅用时 6 个多月，实现债权人会议高票赞成通过了相关重整计划草案。目前，管理人已与投资方完成资产交接，投资方已按重整计划草案约定时间支付了投资款。该案成功化解债务总额超过 380 亿元，涉及不含劳动债权的债权人多达 2039 人，盘活破产企业资产价值约 150 亿元，化解诉讼案件约 470 件，涉案金额约 77 亿元。取得了四方面突出成效：一是涉案 26 家金融机构债权全额或高额清偿，维护了地区金融安全；二是税务债

---

① 《人民法院助推民营经济高质量发展典型民商事案例》，载最高人民法院官网 2021 年 9 月 3 日，https：//www.court.gov.cn/zixun/xiangqing/320231.html。

权全额清偿，确保了国家税收和税源稳定；三是职工债权全额清偿，保障了职工基本生存权，同时 10 万元以下债权全额清偿，确保了 1922 笔普通债权中每个债权人都有收获；四是解决执行案件 2300 余件，为基本解决执行难提供新路径。

该案的典型意义有三：第一，充分保障各类债权人合法权益。为公平保障更多债权人利益，在保障抵押担保债权人权益前提下，以 12 亿元重整资金专门解决非担保债权，使得破产重整费用、共益债务、建设工程债权、职工劳动债权、税收债权以及 10 万元

广西壮族自治区高级人民法院（2018）桂破 1 号

以下的小额债权人均得到全额清偿。第二，高质量审结、高效实践了多个关联公司实质合并重整的模式。为利于整合资源，提高司法效率，避免损害债权人利益，且关联公司与主要债权人均向法院明确表示合并受理符合债权人整体利益并书面请求合并受理，广西高院将 54 名债务人实质合并重整，仅用 6 个多月彻底解决了困扰五年多的社会问题，是实质合并重整的典型案例，具有较好的标杆示范意义。第三，盘活生产型企业和土地类资产，助力地方经济增长。对具备基本盘活条件的生产型企业，通过厂房维修、升级改造等方式增加资产储备价值，引入战略投资者从根本"救活"企业。截至 2020 年 12 月，企业经营实现收入 61550 万元。对重整项目资产中的土地类资产，积极引进国内知名房地产企业，打造品质楼盘，促成

项目落地。同时积极配合政府对老旧城区的城市更新规划，改善地块周边居民的生活环境，打造城市新风貌。

案例三 江苏刚松防护科技股份有限公司司法重整案①

【典型意义】

2019年12月，刚松公司在新冠肺炎疫情爆发前夕进入破产程序。2020年初，突如其来的疫情既对防疫物资提出了需求，也给主业生产防疫物资的刚松公司带来了转机。吴江区法院在已有投资人报价的情况下，借鉴"假马"竞标规则，创新适用"线下承诺出价+线上拍卖竞价"确定重整投资人，兼顾了重整价值和重整效率。"假马"竞标规则系指由破产企业选择一家有兴趣的买受人设定最低竞买价格，其他潜在竞买人不能提出低于该价格的收购价。吴江区法院创造性地运用该规则，并借用破产审判信息化建设成果，采用网络方式召

江苏省苏州市吴江区人民法院
（2019）苏0509破123号

开债权人会议，最大可能保障了破产企业的权益，同时也降低了破产成本，提升了工作效率。本案自受理重整申请至批准重整计划仅用时17天，至最终网络拍卖确定重整投资人也仅用

---

① 《人民法院助推民营经济高质量发展典型民商事案例》，载最高人民法院官网2021年9月3日，https：//www.court.gov.cn/zixun/xiangqing/320231.html。

时 62 天。刚松公司司法重整案的办案思路和办理结果生动诠释了人民法院破产审判工作围绕中心、服务大局的主题。

案例四 华融国际信托有限责任公司与山西梅园华盛能源开发有限公司等金融借款合同纠纷案①

【典型意义】

一审：北京市高级人民法院
（2016）京民初 77 号；
二审：最高人民法院（2019）
最高法民终 1081 号

坚持以人民为中心的发展思想，就是要在高质量发展中促进共同富裕，正确处理效率和公平的关系，取缔非法收入，切实降低实体企业的实际融资成本，促进社会公平正义。该案贷款人共计借出款项 4.098 亿元，同时以财务顾问费的形式，在每次放款前均要求借款人提前支付"砍头息"，共计 3405 万元，约为贷款总额的 8.3%。二审法院因贷款人不能举证证明其为借款人具体提供了何种财务顾问服务，故认定其实际未提供财务顾问服务，将收取的高额财务顾问费用认定为以顾问费名义预先收取利息，在计算欠款本金时予以扣除。同时，原借款合同约定了非常复杂的利息、复利、罚息、违约金以及其他费用的计算方式，给

---

① 《人民法院助推民营经济高质量发展典型民商事案例》，载最高人民法院官网 2021 年 9 月 3 日，https：//www.court.gov.cn/zixun/xiangqing/320231.html。

实体企业增加了沉重的违约负担。二审依法予以调整，体现了人民法院秉持以人民为中心促进共同富裕的理念，依法保护合法收入，坚决取缔非法收入。

案例五 江苏镇江市丹徒区宝堰镇前隍村委会与镇江山水湾生态农业开发有限公司土地承包经营权纠纷案[①]

【典型意义】

实施乡村振兴战略，是以习近平同志为核心的党中央从党和国家事业全局出发，从实现中华民族伟大复兴着眼，顺应亿万农民对美好生活向往作出的重大决策。人民法院积极服务乡村振兴战略，精准对接脱贫地区司法需求，鼓励引导民营企业投身乡村振兴，实现民营企业"万企帮万村"精准扶贫和乡村振兴阶段"万企兴万村"的有效衔接。本案山水湾公司开发项目包括田园综合体、文旅、康养等，为附近村民提供了更多的就业机会，支付给村委会的租金增加了部分农户收入，并带动整个乡村生态环境和基础设施的改善。但由于该公司

一审：江苏省镇江市丹徒区人民法院（2018）苏1112民初1388号；
二审：江苏省镇江市中级人民法院（2019）苏11民终2551号

---

① 《人民法院助推民营经济高质量发展典型民商事案例》，载最高人民法院官网2021年9月3日，https：//www.court.gov.cn/zixun/xiangqing/320231.html。

法定代表人遭遇交通事故等原因，未能按时足额缴纳土地承包费，以致产生诉讼。二审法院镇江中院从振兴乡村经济出发，深入乡村考察、积极组织双方在庭外进行协商调解，为企业经营献言献策、解决后顾之忧，既化解了双方之间的矛盾，又推动当地特色农业项目继续推进。

案例六 ｜陕西西安西电变压器有限责任公司与鹤壁国龙物流有限公司承揽合同纠纷案①

【典型意义】

平等保护各类市场主体合法权益是民商事审判的基本要求，不允许因为市场主体的身份不同而区别对待。本案西电公司隶属大型国有中央企业，国龙公司为河南省中小微民营企业。购销合同的订立和履行早在 2011 年，西电公司迟至 2019 年才诉请主张支付剩余货款。该案获得支持后，国龙公司提起本案诉讼，要求西电公司支付当年逾期交货的违约金。对此，西电公司虽承认逾期交货的事实，但抗辩主张其是因为需要提前履行其他合同才导致本案合同延迟交货。西电公司认为，需要提前履行的其他合同涉及国家重点工程暨公共利益，属于不可抗力，因此西电公司不应承担违约责任。对此，法院认为，西电公司作为市场经济主体，应当根据其生

---

① 《人民法院助推民营经济高质量发展典型民商事案例》，载最高人民法院官网 2021 年 9 月 3 日，https://www.court.gov.cn/zixun/xiangqing/320231.html。

产能力，按照订单难易程度等科学合理地安排生产，其对于合同的正常履约应在合同签订时即有预见，出现不同订单之间的时间冲突也并非完全不能避免和不能克服，其完全可以通过其他市场经济手段（如追加投入扩大产能、进行延期谈判合理变更合同、支付违约金等方式）予以规避，而不能将市场经营风险等同于不可抗力进而试图逃避违约责任。因此，法院认定西电公司迟延履行交货义务的行为构成违约行为，应当承担违约责任。该判决既保护中小微企业的合法利益，又引导企业尊重市场规则和合同约定，彰显了法院在民商事案件审理中坚持依法平等、全面保护各类市场主体的合法权益，优化了市场化法治化营商环境。

一审：陕西省西安市莲湖区人民法院（2020）陕0104 民初 414 号；
二审：陕西省西安市中级人民法院（2020）陕 01 民终 9472 号；
再审审查：陕西省高级人民法院（2021）陕民申 1670 号

案例七 北京易车互动广告有限公司等与北京新意互动数字技术有限公司广告合同纠纷案①

【典型意义】

司法实践中，大额资金被冻结对企业生产经营会产生非

---

① 《人民法院助推民营经济高质量发展典型民商事案例》，载最高人民法院官网 2021 年 9 月 3 日，https：//www.court.gov.cn/zixun/xiangqing/320231.html。

常明显的影响，特别是资金链脆弱的中小微民营企业，冻结大额资金有可能对被保全企业产生颠覆性的影响，造成原被告双方两败俱伤。本案海淀区法院虽然也对大额资金采取了保全措施，但创新了"以保促调，滚动解封"的工作机制，畅通保全、调解、执行衔接机制，加速盘活执行资金、以细致及时的司法工作助力民营企业发展。其中，"滚动解封"既保障了债权人的权利，又给债务人偿还债务的喘息机会，有效解决了大标的额被执行人无流动资金还款与申请执行人不愿承担先行解封风险的困境。

北京市海淀区人民法院
（2021）京0108民初7185号

案例八 浙江嘉兴桐乡法院上线"活查封"管理应用，实现动产保全"数智化"[①]

【典型意义】

随着智慧法院建设的深入推进，近年来各级法院越来越重视将技术创新与司法审判深度融合，善意文明执法，彰显司法温度。作为传统执行手段之一，"活查封"的保全方式既保障了原告的诉讼权利，又保住了被告企业的造血功能，

[①] 《人民法院助推民营经济高质量发展典型民商事案例》，载最高人民法院官网2021年9月3日，https：//www.court.gov.cn/zixun/xiangqing/320231.html。

避免了因保全措施影响生产经营而加剧原、被告之间矛盾。但"活查封"也存在财产容易被转移和价值贬损的弊端风险，实践中法院使用"活查封"比较慎重。新的"数智化"动产"活查封"保全，相较于传统的贴封条、派监管的动产保全方式，更为高效、可靠，对被保全企业的生产、商誉各方面影响更小。"活查封"运用"数智化"手段，最大限度体现了执行善意，减少了保全查封对公司正常经营的影响。

案例九 广东广州中院推行民商事案件先行判决，促进当事人合法权益及时兑现①

【典型意义】

民事诉讼法第一百五十三条规定，人民法院审理的案件，其中一部分事实已经清楚的，可以就该部分先行判决，从而确立了先行判决制度。但规定在实践中较少运用，且即便法院作出了先行判决，是否允许对该部分先行判决申请执行，实践中也存在不同认识。广州中院活用先行判决机制，充分发挥审判职能作用，切实提升了

---

① 《人民法院助推民营经济高质量发展典型民商事案例》，载最高人民法院官网 2021 年 9 月 3 日，https：//www.court.gov.cn/zixun/xiangqing/320231.html。

商事案件诉讼效率。且先行判决对于支持疫情防控常态化之下实体经济恢复发展,助力中小企业渡过难关,保障民营经济社会持续向稳向好蓬勃发展,促进当事人合法权益及时保障兑现,成效明显。截至 2021 年 7 月 21 日,广州中院作出先行判决的平均审理周期为 57 天,取得部分权利时间平均提速 34.96%,单次最快提速达 65.88%,先行判决金额共计 8500 万余元。

案例十 北京、江苏、浙江、广东等地法院与工商联建立民营企业产权保护社会化服务体系①

【典型意义】

工商联所属商会是以非公有制企业和非公有制经济人士为主体,由工商联作为业务主管单位的社会组织。按照中共中央《关于促进工商联所属商会改革和发展的实施意见》,商会要继续完善职能作用、创新经济服务工作、强化守法诚信和社会责任,加大商会商事调解工作力度,是深化商会改革和发展的一项重要举措。典型案例选取了江苏高院、广州互联网法院、北京市石景山区法院、浙江嘉兴南湖区法院四个典型。

江苏全省现已设立商会调解组织 332 个,聘用调解人员

---

① 《人民法院助推民营经济高质量发展典型民商事案例》,载最高人民法院官网 2021 年 9 月 3 日,https://www.court.gov.cn/zixun/xiangqing/320231.html。

1528 名，调解力量不断壮大。全省各类商会调解组织共有效化解商事纠纷 3757 件，化解标的金额 10.27 亿元。

广州互联网法院 2021 年在阿里巴巴、百度、腾讯等互联网平台之外，另在网易、字节跳动、唯品会、蚂蚁金服等平台增设"枫桥 E 站"4 个，调解互联网民营经济领域纠纷 9236 件。

2020 年 6 月到 2021 年 6 月，北京市石景山区法院民营企业产权保护调解室已成功调解涉区工商联所属商会会员企业产权矛盾 165 件，平均调解时长 28 天。

自 2020 年 6 月嘉兴市南湖区工商联调委会成立以来，共调处案件 904 件，调解成功 574 件，调解成功率 63.4%，涉案标的近 1.6 亿元，调解成功标的近 1.5 亿元，为企业节约诉讼成本超过 100 万元。

从高院、中院到基层法院，人民法院与工商联建立民营企业产权保护社会化服务体系，均收到了良好的效果，对促进矛盾纠纷化解、民营经济保护起到了非常积极的作用。

案例十一 武汉甲贸易有限公司与武汉乙建设集团有限公司买卖合同纠纷执行活动监督案[①]

【典型意义】

我国民事诉讼法及《最高人民法院关于严格规范终结本

---

① 《民事检察促进民营经济发展壮大典型案例》，载最高人民检察院官网 2024 年 4 月 1 日，https://www.spp.gov.cn/xwfbh/wsfbt/202404/t20240401_650604.shtml#2。

次执行程序的规定（试行）》对人民法院终结本次执行程序的条件和程序均有明确规定，如法院不当终结本次执行程序，将会导致债权人手持胜诉判决却无法实现合法债权，同时损害司法公信力。

本案中，甲贸易公司作为中小微民营企业，虽已取得法院胜诉判决，但执行法院在被执行人乙建设公司有财产可供执行的情况下，以终结本次执行程序结案，导致甲贸易公司因判决执行不到位无法及时回笼资金，合法权益受到侵害，企业经营发展受到重大影响。检察机关围绕被执行人乙建设公司有无可供执行财产、执行法院是否穷尽财产调查措施等问题开展调查核实工作，对该有财产可供执行案件以终结本次执行程序结案、损害申请执行人合法权益的执行案件，依法开展监督，破解滥用终结本次执行程序问题，有力保护了民营企业合法权益。

案例十二 青岛甲置业有限公司与黄某民间借贷纠纷执行活动监督案[1]

【典型意义】

评估报告是司法拍卖实践中拟拍卖物市场价值的重要参

---

① 《民事检察促进民营经济发展壮大典型案例》，载最高人民检察院官网2024年4月1日，https：//www.spp.gov.cn/xwfbh/wsfbt/202404/t20240401_650604.shtml#2。

考依据，执行案件中评估机构的评估结果关系着被执行人的财产权实现，如评估结果错误或者评估机构出具虚假报告，将损害被执行人利益。本案中检察机关经审查调查后发现，执行法院委托评估机构作出的评估结果明显失实。检察机关办案人员精准定位本案监督点，即影响评估结果的关键性因素容积率，开展调查核实工作，通过询问评估师及知情人员，调阅法院审理执行卷宗，向住建、规划等行政主管部门调查地块出让时容积率、建设工程规划许可容积率，确定真实容积率，并向作出参考依据的案外评估公司调取存档评估报告进行比对，最终使全案证据形成链条，对本案开展有效监督，依法保护了民营企业甲置业公司的合法财产权利。

案例十三 杭州甲健身发展有限公司与易某等消费者服务合同纠纷审判程序监督案①

【典型意义】

检察机关在办理涉财产保全类案件时，应充分把握协助执行义务的界限，在确保实现保全目的的前提下，准确适用

---

① 《民事检察促进民营经济发展壮大典型案例》，载最高人民检察院官网2024年4月1日，https：//www. spp. gov. cn/xwfbh/wsfbt/202404/t20240401_650604. shtml#2。

保全措施的灵活性,充分寻求各方利益的平衡。本案中,乙公司广场分公司作为协助执行人负有协助保管义务,但长期在其主营业场地保管案涉器材,不仅影响企业持续经营,也不符合经济原则,且乙公司广场分公司另行提出的替代方案具有可行性。本案检察机关充分贯彻善意文明理念,兼顾协助执行措施的原则性与灵活性,在确保财产保全效果的前提下,向法院提出灵活变更保管地点的建议,提出执行中存在的适用法律错误问题,积极推动法院变更协助执行内容,缓解了乙公司广场分公司因协助执行带来的经营困难,以检察履职为民营企业营造了更优法治营商环境。

案例十四 谢某与王某华、泰州市甲钢结构公司保证合同纠纷虚假诉讼监督案①

【典型意义】

虚假诉讼案件涉及刑民交叉问题,针对公安机关已经立案侦查的案件,检察机关往往遵循"先刑后民"原则,待公安机关侦查有结果后再行启动民事监督程序。因刑事案件短

---

① 《民事检察促进民营经济发展壮大典型案例》,载最高人民检察院官网2024年4月1日,https://www.spp.gov.cn/xwfbh/wsfbt/202404/t20240401_650604.shtml#2。

时间内难以侦查终结，民事案件一旦进入执行程序将对企业造成难以回转的损失，检察机关可根据民事虚假诉讼证据标准自行开展调查取证工作，在查清虚假诉讼事实后及时开展民事检察监督。本案中，在涉案企业大额工程款被冻结、农民工工资无法发放的紧迫情形下，检察机关依职权开展调查核实工作，查清虚假诉讼事实并作出检察监督决定，避免了原判决继续执行可能给甲钢结构公司造成的无法弥补的损失，使甲钢结构公司最终甩掉巨额债务包袱，从困境中回归正轨，依法保护了民营企业合法权益。

案例十五 | 菏泽市甲置业有限公司与临沭县乙食品有限公司、临沭县丙食品有限公司等金融借款合同纠纷虚假诉讼监督案[1]

【典型意义】

担保可为民营企业融资增信，但同时也是民营企业风险多发领域，常见民营企业及民营企业家出于善意为同行企业或朋友提供抵押或保证担保，却因债务人的不诚信而陷入经

---

[1] 《民事检察促进民营经济发展壮大典型案例》，载最高人民检察院官网2024年4月1日，https://www.spp.gov.cn/xwfbh/wsfbt/202404/t20240401_650604.shtml#2。

营困境。本案中乙食品公司法定代表人陈某江以公司厂房土地为陈某龙实际控制的丙食品公司提供抵押担保，并与公司另一股东陈某柱共同为丙食品公司提供连带责任保证，贷款期限届满后，陈某龙以甲置业公司购买银行债权之名，行清偿银行贷款之实，使乙食品公司、陈某江、陈某柱无法从抵押担保责任中脱身，并且单方采取假冒甲置业公司名义、使用伪造公章等方式提起民事诉讼、申请强制执行，最终将乙食品公司财产据为己有。检察机关在发现虚假诉讼线索后，民事、刑事检察部门综合履职同步研判，对虚假诉讼进行穿透式监督，实现虚假诉讼民事监督和刑事追责同步，通过再审检察建议的方式监督法院纠正错误裁判及执行回转，挽回了乙食品公司损失，有力震慑了"无信者"对民营企业合法财产的恶意不法"觊觎"，为民营企业"有信者"间互助增信保驾护航。

案例十六 ｜ 南安市甲建筑公司与福建乙旅游公司建设工程施工合同纠纷抗诉案[①]

【典型意义】

检察机关在审查涉民营企业建设工程合同纠纷案件时，

---

① 《民事检察促进民营经济发展壮大典型案例》，载最高人民检察院官网2024年4月1日，https://www.spp.gov.cn/xwfbh/wsfbt/202404/t20240401_650604.shtml#2。

应加强专业意见在审查专业性问题中的有效运用,以确保案件质效,依法维护民营企业合法权益。一般而言,建设工程合同纠纷案件往往涉及诸多建筑行业专业性问题。本案中,案涉"建筑工程中土壤压实系数"概念专业性较强,二审法院在未明确相关专业名词含义的情况下,简单判定土壤压实系数可作为挖方量、填方量计算比例,是导致工程量计算错误的主要原因。针对建筑工程中出现的土壤压实系数等专业性问题,检察机关深入调查核实,通过开展专家咨询工作进而认定专业性问题,最终抗诉意见得到法院采纳,帮助施工企业挽回近200万元经济损失,有力保障了民营企业的合法权益。

案例十七 | 河北甲暖气片有限公司与辽阳市乙物资贸易中心买卖合同纠纷抗诉案[①]

【典型意义】

检察机关在处理夫妻共同债务类案件时,应当以事实为根据、以法律为准绳,秉持客观公正立场,严格依照婚姻法等法律和司法解释的规定认定夫妻共同债务,以保护夫妻双

---

① 《民事检察促进民营经济发展壮大典型案例》,载最高人民检察院官网2024年4月1日,https://www.spp.gov.cn/xwfbh/wsfbt/202404/t20240401_650604.shtml#2。

方和债权人的合法权益,如债务不属于夫妻共同债务的,配偶不应承担责任,如债务属于夫妻共同债务的,配偶应对债务承担共同清偿责任。本案中,甲暖气片公司与乙贸易中心发生业务的2014年至2016年期间,韩某与吕某系夫妻关系,且乙贸易中心与韩某、乙贸易中心与吕某、韩某与吕某之间均有资金往来,吕某从乙贸易中心的经营中获得了实际财产利益,应将案涉债务认定为夫妻共同债务。检察机关根据既有线索发现本案再审判决中存在的疑点,通过调阅执行案件卷宗中相关资料、调查韩某、吕某二人夫妻关系、核实银行账户资金流转情况等工作,确定乙贸易中心资金被用于夫妻共同生活的基本事实,依法履行监督职责,追加原裁判中被遗漏的吕某为本案债务承担人,有力保障了民营企业合法债权的实现。

案例十八 韦某勇、黔东南州乙建设投资公司与独山县丙小额贷款有限责任公司、原审第三人郑某华民间借贷纠纷抗诉案[①]

【典型意义】

检察机关以履行民事监督职能为切入口,着力营造公正、

---

① 《民事检察促进民营经济发展壮大典型案例》,载最高人民检察院官网2024年4月1日,https://www.spp.gov.cn/xwfbh/wsfbt/202404/t20240401_650604.shtml#2。

稳定、可预期的营商环境，为民营企业纾困解难，让民营企业稳预期"留得住"，有信心"经营好"。本案中甲环材公司作为当地招商引资的重点企业，受让案涉国有土地使用权，并在土地上建设近亿元的厂房、设备，但未办理过户手续。乙建设投资公司在甲环材公司不知情的情况下，为其股东韦某勇提供抵押担保，导致案涉土地被执行，甲环材公司生产经营受到重大影响。检察机关在收到甲环材公司有关虚假诉讼的控告及韦某勇的监督申请后，开展调查核实，认为本案不属于虚假诉讼，但生效判决确有错误，遂依法履行监督职能。同时，检察机关从当事人之间矛盾纠纷实质性化解、案外人民营企业权益保护角度出发，主动与当地党委政法委、经济开发区管委会等联系，居中斡旋协调，与法院共同促成和解，在保障各方当事人权益的前提下，使甲环材公司从执行中解脱出来，恢复正常生产经营。

案例十九 | 西安甲建筑机械有限公司与北京乙装饰工程有限公司租赁合同纠纷再审检察建议案[①]

【典型意义】

在现行立法和司法实践中，公章是法人权利的象征，可

---

① 《民事检察促进民营经济发展壮大典型案例》，载最高人民检察院官网2024年4月1日，https://www.spp.gov.cn/xwfbh/wsfbt/202404/t20240401_650604.shtml#2。

以代表法人意志。民营企业印章管理方面最常见风险为他人使用假冒的公司印章。如民营企业需对不知情的、他人假冒公司印章作出的法律行为承担法律责任，会不当加重民营企业的法律责任，使其对开展生产经营活动失去安全感。本案中，冯某某在乙装饰公司不知情的情况下私刻乙装饰公司印章，以乙装饰公司名义与甲建筑机械公司签订《吊篮租赁合同》，导致乙装饰公司承担了不应承担的债务。乙装饰公司在得知权利受损后及时向公安机关报案，并在刑事判决作出后向法院就民事案件申请再审，法院以乙装饰公司未在得知自己权利受损后六个月内申请再审为由驳回了乙装饰公司的再审申请，导致乙装饰公司权利救济受阻。检察机关受理该案后，开展调查核实并仔细研判，认为本案民事判决存在主要证据系伪造且有新证据足以推翻原判决的情形，乙装饰公司申请再审并未超过法定期限，依法开展监督，经检察机关监督，法院再审撤销了原审判决，使乙装饰公司从"天上掉下的债务"中脱困，增强了民营企业对法治化营商环境的信心和稳定经营的安全感。

案例二十 | 重庆甲科技发展有限公司与重庆市乙融资担保有限责任公司等追偿权纠纷跟进监督案①

【典型意义】

部分民营企业因内部管理机制不够完善，常见公司法定代表人超越代表权限或实际控制人利用其身份、地位以及对公司公章使用的便利，以公司名义对外签订担保合同，为法定代表人或股东、实际控制人个人债务提供担保，最终因个人未按时如约清偿债务，导致公司为个人巨额债务承担连带责任，损害公司及其他股东利益的情形。本案即为法定代表人王某利用其身份，由甲科技公司为其个人债务承担反担保连带保证责任，导致甲科技公司被强制执行，陷入经营困境的典型案例。检察机关在办理此类案件过程中，应严格审查公司对外提供担保的程序是否合法、合同相对人是否善意、公司对担保无效是否存在过错等要点，针对的确存在法律适用问题的，应依法及时启动监督程序，保护民营企业合法权益。此外，再审检察建议相对于抗诉而言，属"柔性"监督，即收到再审检察建议的法院并不必然启动再审程序，检察机关对确有错误的生

---

① 《民事检察促进民营经济发展壮大典型案例》，载最高人民检察院官网2024年4月1日，https：//www.spp.gov.cn/xwfbh/wsfbt/202404/t20240401_650604.shtml#2。

效裁判以再审检察建议方式实施监督后,如法院未予纠正,检察机关可依法跟进监督,落实精准监督理念,增强民事检察监督刚性。